Życie z naszymi młodszymi braćmi –
ze zwierzętami

Zwierzę – Człowiek
Kto jest więcej wart?

Wieczne Słowo,
jedyny Bóg, wolny Duch,
mówi przez Gabriele,
tak jak przez wszystkich proroków Boga:
Abrahama, Hioba, Mojżesza,
Eliasza, Izajasza,
Jezusa z Nazaretu –
Chrystusa Bożego

Życie z naszymi młodszymi braćmi –
ze zwierzętami

Zwierzę – Człowiek
Kto jest więcej wart?

Liobani,
czysta istota duchowa z niebios,
objawia się przez
prorokinię Boga w naszych czasach
Gabriele

Gabriele - Wydawnictwo
Słowo

Wydanie drugie 2022 r.

© Gabriele-Verlag Das Wort
Max-Braun-Str. 2, 97828 Marktheidenfeld, Niemcy
www.gabriele-verlag.com
www.gabriele-wydawnictwo.com

Tytuł oryginału:
„Du, das Tier – Du, der Mensch.
Wer hat höhere Werte?"

S133TBPLPOD

Interpretacja tekstu
na podstawie oryginału niemieckiego.
Tłumaczenie autoryzowane przez
Gabriele-Verlag Das Wort GmbH

Wszystkie prawa zastrzeżone

ISBN 978-3-96446-283-1

Spis treści

Ja Jestem wszystkim we wszystkim

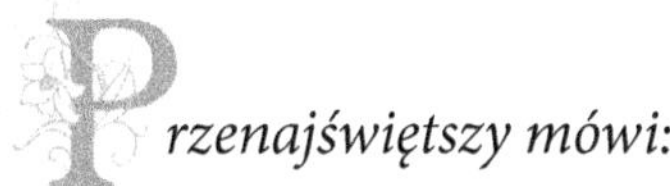rzenajświętszy mówi:

Ja Jestem Odwiecznym i tym, co wieczne. Ja Jestem Stwórcą, początkiem stworzenia i samym stworzeniem.

Beze Mnie, Wielkiego Wszech-Jedynego, nie ma ani życia, ani form życia, gdyż Ja Jestem życiem i substancją życia, i siłą we wszystkich formach życia.

Ja Jestem wszystkim we wszystkim.

Ja Jestem Stwórcą wszechświatów, wszystkich słońc i gwiazd.

Ja Jestem Ojcem wszystkich boskich istot, wszystkich ludzi i dusz.

Byt, to, co czyste, to Jam Jest, Stworzyciel i Bóg Ojciec-Matka.

Ja Jestem wszystkim we wszystkim.

To, co przybrało i przybiera formę w odwiecznym bycie, to znów Jam Jest, substancja i siła – życie.

Nie istnieje nicość. Wszystko jest siłą, życiem i substancją życia.

Ja Jestem Odwiecznym i Wiecznością
– od wieczności po wieczność,
od eonu po eon.

*Moje Słowo jest słowem
wszystkich czystych istot,
słowem prawdziwej inspiracji*

Moim imieniem, Liobani, przedstawiłam się już moim ludzkim braciom i siostrom, kiedy przekazałam wskazówki dotyczące życia i nauczania dzieci i młodzieży.

Moi bracia i siostry w szacie ziemskiej otrzymują teraz święte, wieczne Słowo, byt, w moim objawieniu „Zwierzę – Człowiek. Kto jest więcej wart?".

Jestem istotą duchową w świetle Wieczności. Moje świetlne imię, które jest w Odwiecznym i przez Odwiecznego zostało mi tchnieniem przekazane, nie może być wyrażone na ziemi ludzkimi słowami, gdyż imiona świetlne wszystkich boskich istot i wszystkich duchowych form życia są prawiecznym, czystym, kosmicznym Prawem.

Odwieczny byt jest doskonałością, jest absolutnym Prawem. Wszystkie świetlne imiona istot duchowych, minerałów, roślin, zwierząt, istot natury są aspektami Prawa Absolutnego, gdyż te formy życia są z Boga i w Bogu i żyją w potężnym strumieniu wszechświata i w nim mają swój byt.

Ludzie o duchowej wiedzy nazywają swoich boskich braci i siostry również aniołami. Wielu z nich spełnia zadanie aniołów nauczających. Również i ja, Liobani, żyję w strumieniu odwiecznego bytu i nauczam odpowiednio do mojej duchowej mentalności i moich duchowych zdolności jako istota nauczająca w duchowych obszarach rozwoju. Uczę duchowe dzieci – zwane też dziećmi-aniołami – jak mają prawidłowo stosować wieczne kosmiczne Prawo.

*Powstanie człowieka i ziemi:
proces przebiegunowania
z czysto duchowej, subtelnej substancji
w substancję grubomaterialną*

Duchowe ciało, obciążone i wcielone, zwane duszą, żyje na ziemi w powłoce, którą my określamy człowiekiem. Dopiero wtedy, gdy dusza oczyszczona jest ze swoich obciążeń, a więc jest uwolniona, staje się ponownie czystą istotą i jako duchowo uformowany wszechświat żyje świadomie we wszechstrumieniu, w Bogu, z którego powstała jako duchowo-boskie ciało, jako czysta istota.

Wszechstrumień jest odwiecznym, boskim Prawem, które płynie poprzez nieskończoność. Przepływa przez wszystkie formy bytu, wszystkie boskie istoty, wszystkie czyste nieba wraz z ich planetami i boskimi królestwami przyrody. Przenika ono również obszary przygotowawcze, obszary rozwoju, które grupują się wokół czystego bytu i w których oczyszczone dusze przygotowują się do powrotu do domu, do odwiecznego bytu. Wieczne Prawo przenika i utrzymuje również obszary oczyszczania i dusze, które tam przebywają, aby się oczyścić. Odwieczne Prawo przenika i podtrzymuje też obszary częściowo materialne oraz materię z jej ciałami niebieskimi i ziemię z ludźmi i królestwami przyrody.

Wszystkie duchowe formy powstały i powstają z Wszech-Jedynego.

On jest tchnieniem wszechświata i samym wszechświatem. On, Wszech-Jedyny, wypowiedział swoje wszechpotężne Słowo i powstały pierwsze istoty i formy życia.

Wszystkie czyste istoty i formy życia są uformowanym wszechświatem. W nich płynie Wszech-Prawo. One są substancją i siłą wszechświata. Poprzez Stworzyciela, Wszechducha, który jest zarazem zasadą tworzenia, wszystko jest zawarte we wszystkim.

Ziemia ze swoimi ludźmi ma rytm dnia i nocy oraz godziny, minuty, sekundy i chwile. Ten rytm człowiek nazywa „czasem". Jeśli nie żyje on świadomie w dniu, to dzień i jego zdarzenia sterują jego życiem.

Wielu ludzi jest sterowanych przez dzień i jego zdarzenia. Tylko nieliczni przestrzegają wiecznych praw Bożych. Większość zaś widzi siebie raczej jako pozbawionych duszy, jako „tylko ludzi".

Ciało ludzkie jest jedynie powłoką ochronną dla żyjącej w nim duszy, dla duchowego ciała. Substancja tej powłoki jest materialna. W tej substancji dusza może żyć w materii, na ziemi, aby w ciągu krótkich lat ziemskiego życia oczyścić to, co nałożyła na siebie w poprzednich inkarnacjach lub ewentualnie w tym wcieleniu.

Powłoka ochronna, człowiek, powstawała stopniowo. W zależności od tego, na ile powstający człowiek sprzeciwiał się odwiecznemu Prawu, duchowe ciało powlekało się materialną substancją, wibracjami, które on wysyłał i które według zasady „siewu i zbioru" znowu do niego powracały. Przez całe epoki ta materialna powłoka, powłoka ochronna, zagęszczała się coraz bardziej, a jej wibracje opadały na coraz to niższy poziom. To, co stopniowo wykrystalizowało się, było i jest człowiekiem.

Odwrócone od Boga istoty, nazywane również istotami upadku, które coraz bardziej się obciążały, spadały w coraz niższe strefy wszechświata. Wraz z nimi spadały również części czysto duchowych planet, które – podobnie jak istoty upadku – pokrywały się grubomaterialną substancją.

Poprzez upadek powstały obszary przygotowawcze i obszary oczyszczania, powstała ciężka substancja, która w swoim najsilniejszym zagęszczeniu nazywana jest materią. Proces przebiegunowania z subtelnej substancji w substancję grubomaterialną trwał – według ludzkiego pojęcia czasu – przez niezliczone epoki.

Jak w niebie, tak i na ziemi.

Niebiańskie planety niosą duchowe królestwa przyrody, ziemia niesie zagęszczone królestwa przyrody.

Duchowe królestwa przyrody, podobnie jak królestwa przyrody ziemi, składają się z minerałów, roślin i zwierząt wszelkich gatunków; należą do nich również istoty natury. Planety częściowe, które poprzez upadek odłączyły się od wiecznego bytu, niosły duchowe minerały, duchowe rośliny i zwierzęta, które stopniowo zagęszczały się, aż stały się grubomaterialną substancją, a więc materią.

Wszystko, co wibruje i porusza się poza czystym bytem, jest otoczone wibracją o odpowiednich częstotliwościach. Wszystko więc, co nie jest czystą prasubstancją, nosi magnetyczną powłokę, którą można określić jako płaszcz. Również i człowiek porusza się w magnetycznej powłoce, którą sam stworzył. Według prawa siewu i zbioru przyciąga on to, co wysłał, gdyż to, co sieje, co nadaje, to zbiera, odbiera.

Żadna energia nie ginie. Sprzeczna z Prawem energia wysłana przez każdą z istot upadku spada na tę istotę z powrotem; tym ona sama się zasłoniła. Jednocześnie przyczyniła się ona do tego, że przysłoniły się duchowe planety częściowe.

Podczas procesu powstawania człowieka powłoki zagęszczały się coraz bardziej, przez co powstało materialne ciało i materialny kosmos.

Wielu ludzi jest zdania, że z pokolenia na pokolenie przychodzą na ten świat inni ludzie. Tak się jednak tylko wydaje, gdyż dusze przybierają wciąż na nowo inne powłoki, pojawiają się w innych szatach ziemskich, które tylko w przybliżeniu odpowiadają poprzednim, odłożonym powłokom. Cechy charakterystyczne, którymi promieniuje z siebie dusza w swoich kolejnych wcieleniach, kształtują jej szatę ziemską; tym dusza formuje swoją powłokę, człowieka. Dusza – która wciela się w pełni dopiero przy porodzie – dokonuje tego formowania już w łonie matki, w stanie embrionalnym, a więc w powstającym ciele ludzkim.

Dusza –
księga ziemskiego życia

Człowiek, powłoka, nosi w sobie duszę, w duszy natomiast nieobciążalne jądro istoty, iskrę duchową, Boga. Dlatego też człowiek składa się z Ducha, duszy i ciała.

To, co człowiek odczuwa, myśli i mówi oraz jak postępuje, wnika w duszę, która staje się księgą jego ziemskiego życia. Dusza promieniuje poprzez człowieka tym, co pobrała w swoje duchowe cząsteczki. Dlatego dusza człowieka zwana jest księgą jego dzieł, jego odczuwania, myślenia, mówienia i postępowania. To, co od człowieka wychodzi – tak boskie, jak i nieboskie – to znowu w niego wchodzi, kształtuje jego charakter oraz jego zewnętrzną powłokę.

To, co boskie, jak również to, co nieboskie, zostaje zarejestrowane przez duszę w jej duchowych cząsteczkach i ponownie wypromieniowane. Poprzez swoje magnetyczne promieniowanie dusza podejmuje też kontakt z promieniowaniem planet i ewentualnie z siłami, które tam działają, na przykład z polami energii lub z duszami, których promieniowanie równe jest promieniowaniu duszy i człowieka.

Duchowe prawo brzmi: podobne przyciąga podobne. To, czym dusza promieniuje poprzez swoją powłokę, poprzez człowieka, jest rejestrowane przez odpowiednie promieniowanie planet. Kiedy ciało ziemskie, powłoka duszy, umiera, dusza zostaje przyciągnięta przez te planety, które odpowiadają jej obecnemu promieniowaniu.

Każda dusza jest zarejestrowana we wszechświecie wiele razy, odpowiednio do swojego promieniowania. Podczas swojej wędrówki do doskonałości wciąż na nowo przyciągana jest poprzez promieniowanie tych planet, które odpowiadają poziomowi jej wibracji, aby spotkać żyjące tam dusze, z którymi ma coś do oczyszczenia, oraz dusze, które mają coś do oczyszczenia z nią. Przyczyny zakodowane w cząsteczkach duszy będą w takim stopniu skasowane przez duszę w krainach dusz lub przez człowieka na ziemi, w jakim – według prawa siewu i zbioru – skutki spotkają duszę lub człowieka.

Dusza ma więc wiele możliwości, aby zmazać swoją winę: albo jako człowiek w krótkim okresie ziemskich lat, albo jako dusza w krainach dusz (tam może to trwać jednak bardzo długo) lub też na zmianę, w połączeniu z kolejnymi wcieleniami.

To więc, co człowiek odczuwa, myśli, mówi i jak postępuje, a także jego namiętności i tęsknoty, napierające życzenia, jego roszczenie sobie prawa do bycia kimś i posiadania – wszystko to zapisane jest w cząsteczkach duszy oraz w promieniowaniu odpowiednich planet. Wszystko jest wibracją. Tak jak pojedynczy człowiek postępuje wobec praw wewnętrznego życia: albo dla Boga, albo przeciw Niemu – takie jest też jego promieniowanie, tak wibruje i taka jest też jego komunikacja z siłami wszechświata.

To, czego dusza lub człowiek jeszcze nie oczyścili, pozostaje zapisane w promieniowaniu odpowiednich planet aż do chwili, gdy zostanie zmazane przez duszę w obszarach oczyszczania albo przez człowieka. Wiele dusz, które były w poprzednich inkarnacjach na ziemi, które obecnie znowu znajdują się na ziemi jako ludzie lub które ponownie przybędą, a nie oczyściły swoich przyczyn, pozostaje w rejestrach planet upadku tak długo, aż pożałują za to, co niezgodne z Prawem, poproszą o przebaczenie, przebaczą i przestaną popełniać rozpoznane błędy.

Każda dusza, obojętnie na jakiej płaszczyźnie się znajduje, nosi szatę, a więc powłokę swoich dzieł. Promieniuje tym, co przynosi na ten świat – grzechami, które popełniła w poprzednich inkarnacjach i których jeszcze nie oczyściła, albo świetlistymi, boskimi aspektami. Szata duszy odpowiada częstotliwościom planety, na której ona żyje. To samo dotyczy też człowieka. Struktura fizycznego ciała odpowiada temu, co zawiera dusza – światłu lub cieniom. Zgodnie z duchowym prawem „podobne przyciąga podobne” ludzie przyciągają takich ludzi, którzy odpowiadają ich wibracjom, którzy myślą, mówią i działają podobnie jak oni sami. Ludzie będący jednej myśli wciąż przyciągają więc tych, którzy myślą podobnie.

Światło albo cienie duszy formują ludzkie ciało. Tak jak człowiek promieniuje, tak też postępuje wobec swojego otoczenia, takie jest jego zachowanie, takie są jego gesty i mimika, takie jest jego myślenie, mówienie i działanie. Tym człowiek i dusza sami się legitymują i dają świadectwo o tym, kim są – czy są tego świadomi, czy też nie. Każdy człowiek jest więc otwartą księgą, w której potrafi czytać ten, kto ma szczere serce.

Każda dusza – czy żyje bez ciała na planecie oczyszczania odpowiadającej jej wibracji, czy też żyje wcielona jako człowiek na ziemi, miejscu sprawdzania się i znoszenia winy – jest w Bogu, gdyż nieobciążalna część duszy, to, co boskie, ma swój byt w strumieniu Bożym. Natomiast powłoka duszy, człowiek, która jest z tej ziemi, zostaje po śmierci ciała ponownie przekazana ziemi.

Bóg przykazał ludziom, aby przyczyny przyniesione przez duszę w ciało oraz przyczyny, które człowiek nałożył swojej duszy w ciągu swojego ziemskiego bytu, usuwali siłą Chrystusową, tak aby dusza oczyściła się i uszlachetniła, i mogła powrócić do strumienia Bożego. Dzięki wędrówce wcielonej duszy do boskości wysubtelnia się również struktura człowieka. W ten sposób dusza i człowiek osiągają wyższe poziomy wibracji, dzięki czemu człowiekowi wiedzie się z dnia na dzień coraz lepiej.

Sens ziemskiego życia polega na tym, żeby dusza w człowieku oczyściła się w krótkim czasie swojego ziemskiego bytu, aby mogła znowu powrócić do światła Bożego, skąd wyszła istota duchowa. Wszystko to, co przemienia się ze sprzecznego z Prawem w zgodne z Prawem, w pozytywne, zostaje skasowane również w planetach obszarów oczyszczania zwanych także planetami pamięci.

*Droga rozwoju duchowych form życia
od jednego duchowego atomu,
poprzez stopnie ewolucji,
aż do doskonałej istoty duchowej*

Bóg jest odwiecznym wszech-bytem, Wszech-Prawem. Bóg jest Ojcem, Matką i Stworzycielem. On jest Ojcem i Matką swoich dzieci i Bogiem Stworzycielem wszystkich form życia: minerałów, roślin, zwierząt i istot natury, które znajdują się w ewolucji do dziecięctwa Bożego. Bóg jest wolnością, dlatego Odwieczny już na początku Niech Się Stanie przekazał w swoim tchnieniu duchowemu stworzeniu, formującemu się życiu, wolną wolę. Dzięki wdychaniu i wydychaniu Wszech-Prawa Odwieczny prowadzi do doskonałości wszystkie formy życia, aż powstaną z nich dojrzałe istoty duchowe.

Każda forma życia, która stopniowo dojrzewa, by stać się istotą duchową, rozpoczyna swoją ewolucję jako duchowy atom, zapłodniony poprzez wszech-promieniowanie, w tworzącej się duchowej cząsteczce. Bóg, Odwieczny, wdycha w duchowy atom, który przeznaczony jest do duchowego formowania się, ewolucję prowadzącą do dziecięctwa Bożego.

W pierwszym promieniu Niech Się Stanie zawarte są już wszystkie zalążki duchowej istoty, odpowiednia mentalność, zdolności oraz niebiańskie imię. Wszystko jest absolutne i dlatego też do siebie dopasowane – mentalność do zdolności. Mentalność i zdolności pasują natomiast do duchowego imienia, duchowe imię z kolei pasuje do zdolności i mentalności. To, co Bóg tworzy, jest doskonałe, jest absolutną harmonią w dźwięku, kolorze, formie i zapachu.

Poprzez nieustanne wdychanie i wydychanie Wszech-Prawa powstają kolejne atomy i duchowe cząsteczki, które najpierw układają się w kolektywy, a z nich stopniowo powstaje duchowe ciało.

Kształtujące się duchowe ciało składa się więc z duchowych cząsteczek. Jeśli forma życia jest w pełni ukończona, to jest istotą duchową, wszechświatem, który przybrał formę.

Duchowe formy życia z różnych płaszczyzn rozwoju, czyli stopni świadomości, aż do doskonałych istot duchowych, nie mają komórek ani narządów. Tylko materialne ciało składa się z kości, tkanek i narządów, spełniających odpowiednie funkcje. Umożliwia ono duszy życie na ziemi. Powłoka ziemska – człowiek ukierunkowana jest na ziemię, natomiast czysta istota jest wszechświadoma. Określenie wszechświadoma oznacza, że dla ukształtowanego wszechświata, dla istoty duchowej, nie ma żadnych ograniczeń.

Przez nieustanne wydychanie i wdychanie Boga Stworzyciela – dzięki czemu światło i siła bez przerwy promieniują we wszechświat – duchowe ciało rozwija się stopniowo w cyklach eonów poprzez boskie widma świetlne.

Najpierw rozwijają się właściwości duchowego kolektywu minerałów; dopiero wtedy minerał przybiera kształt. Każda forma rozwoju musi pobrać wszystkie siły uświadomienia odpowiadające każdej fazie ewolucji. Tak więc na początek minerał pobiera wszystkie siły uświadomienia królestwa minerałów. Przy tym wciąż działają coraz to inne widma świetlne. Potrzeba więc wielu kroków ewolucji, zanim powstanie i dojrzeje jeden duchowy minerał. W cyklu następnych eonów kształtuje się potem kolejny krok ewolucji.

Z ludzkiego punktu widzenia jest to powolna i długa droga rozwoju, zanim ukształtuje się i powstanie w pełni jedna duchowa forma życia.

Nie pojmując wartości minerału, na przykład kamienia, człowiek często mówi z lekceważeniem o minerale i o kamieniu. W rzeczywistości każdy minerał, każdy kamień jest czymś niepowtarzalnym. Minerał, kamień, promieniuje intensywnie swoją specyficzną naturą, tym, czym Bóg Stworzyciel natchnął pierwszy duchowy atom, z którego rozwija się ta forma życia.

Skoro wszystko jest świadomością, to każda forma życia ma swój stan świadomości. Stan świadomości formy życia jest jej rozwiniętą świadomością, która promieniuje włożonymi w nią przez tchnienie Boga Stworzyciela właściwościami – swoją mentalnością, zdolnościami i imieniem świadomości – odpowiednio do stanu świadomości tej formy życia. Człowiek nadaje nazwy minerałom, kamieniom, roślinom oraz zwierzętom. One jednak nie odpowiadają imionom świadomości, którymi Odwieczny natchnął powstające formy życia.

Wielu ludzi skierowanych jest tylko na to, co na zewnątrz, i dlatego odbierają oni tylko zewnętrzne formy i kolory. Odpowiednio do swojego stanu świadomości opisują potem to, co im się uwidacznia w materialnym świecie, na przykład minerały, rośliny i zwierzęta. Tak jak człowiek widzi formy życia i ujmuje je w kategorie, tak jak ocenia ich przydatność dla siebie, tak też odpowiednio do tego określa ich wartości i nazwy. Dopóki człowiek patrzy tylko na to, co jest na zewnątrz, nie pojmuje wewnętrznych wartości, które znajdują się także w rozmaitych formach życia. Dla uzewnętrznionego człowieka minerał, kamień, roślina i zwierzę pozostają przedmiotami, które nie czują życia i które, jak sądzi, może traktować tak, jak to odpowiada jego uzewnętrznionemu sposobowi myślenia.

Tak długo, jak człowiek spogląda tylko na powłokę bytu, nie pojmuje on życia we wszystkich jego formach i nie ma też zrozumienia dla życia, które ma formę inną niż on. Dopiero wtedy, gdy człowiek uświadamia sobie dziecięctwo Boże, znajduje dostęp do kosmicznych praw, do sił w ziemskich formach życia. Z tego wyrasta zrozumienie i umiejętność wczuwania się.

Przez rozwijanie swoich wewnętrznych wartości człowiek stopniowo zyskuje dostęp do boskiego bytu, który działa we wszystkich formach życia, i ponownie osiąga komunikację ze wszystkimi formami wszechświata. W tym duchowym procesie rozwijania swojej boskiej świadomości, która nabiera dystansu do spraw zewnętrznych, do ludzkiego ja, człowiek zaczyna we wszystkim odczuwać i rozumieć odwieczne życie, byt, w każdej formie, w jakiej się ono przejawia. Podczas tego procesu dojrzewania duszy w boskości człowiek odczuwa w swoim wnętrzu coraz bardziej subtelne wibracje, które wysyłają wszystkie formy życia. Wtedy dopiero pojmuje, że każda forma życia komunikuje się, a więc się objawia.

Dla duchowo rozwiniętego człowieka trudne jest – i takie pozostaje, dopóki jest on człowiekiem – wyrażanie słowami boskich wibracji i impulsów. Odpowiednio do swojego wysubtelnionego słownictwa, które jednak także ogranicza możność wyrażenia impulsów, będzie je przekazywał bliźniemu wtedy, gdy będą one dla bliźniego ważne. To, co człowiek ubrał w słowa, jest tylko odbiciem tego, co czyste, odblaskiem, a nie samym impulsem. Dlatego też w świecie materii wszystko jest względne, w tym także boskie impulsy oddane ludzkimi słowami. Są one pojęciami i dają wskazówki, nie są jednak tym, co absolutne, samym boskim impulsem. Dlatego też czytelnik powinien starać się pojmować sens tego wszystkiego, co objawiane jest z odwiecznego bytu, a nie trzymać się litery, która jest tylko symbolem, a nie absolutem.

Bóg, Odwieczny, Jego Syn, Zbawiciel wszystkich ludzi, oraz istoty duchowe, do których należę również ja, Liobani, mówią do ludzi poprzez ziemskie instrumenty, to jest przez ludzi, których duchowa świadomość została do tego przygotowana. Boski świat, niebiański byt, wszechsiła, życie, Bóg, strumień miłości, w którym żyjemy, nie posiada mowy ludzkiej i dlatego, aby być zrozumianym przez ludzi, Odwieczny, Jego Syn i boskie istoty posługują się instrumentami używającymi ludzkiej mowy. W boskich objawieniach używane są pojęcia i słownictwo tego człowieka, którego Bóg uczynił swoim instrumentem. Każde pojęcie, każde słowo jest więc względne, dlatego objawione pojęcia i słowa powinny być rozumiane według ich sensu.

Człowiekowi przykazane jest, żeby oczyszczał swoją duszę i w ten sposób ponownie zbliżał się do Boga, swojego wiecznego Ojca. Dotyczy to jedynie ludzi, gdyż ich dusze są obciążone. W ten sposób na powrót rozwija się duchowa świadomość w człowieku. Żyjąca w nim dusza odsłania się i znowu staje się tym, czym niegdyś była: czystą, doskonałą istotą duchową, ukształtowanym wszechświatem.

Duchowy rozwój wszystkich form życia, aż do doskonałej istoty duchowej, dokonuje się wyłącznie w duchowych obszarach ewolucji.

W odwiecznym bycie nie ma niczego statycznego, żadnych granic – wszystko jest płynącą energią. To, co dla człowieka oznacza „tu" i „tam", dla istoty duchowej jest jednością i całością w niej samej.

Ponieważ w czystym bycie wszystko jest we wszystkim, tak więc nie ma tu i tam, góry i dołu, lewej i prawej strony. Wszystko, co jest w każdej istocie duchowej, jest strumieniem i siłą, obrazem i dźwiękiem. W tej kosmicznej zasadzie nie ma czasu ani przestrzeni. Wieczność jest bytem w dzieciach bytu, wiecznym, poruszającym się Prawem, które jest rytmem, kształtem i dźwiękiem wszechświata w każdej istocie duchowej i wokół niej. Odwieczne Prawo, rytm wszechświata, składa się z cykli świetlnych, nazywanych również eonami. Ewolucja odbywa się w cyklach świetlnych – od duchowego atomu, który został pobudzony przez Boga Stworzyciela do kształtowania się, od jednej cząsteczki, aż do istoty duchowej. Duchowe ciało jest skrystalizowanym wszechświatem, ponieważ składa się ze wszystkich sił wszechświata.

Dla człowieka, który myśli w kategoriach czasu i przestrzeni, duchowa droga ewolucji prowadząca do doskonałej istoty duchowej jest niewyobrażalnie długim procesem powstawania.

Jeśli forma przyrody poprzez eony, a więc poprzez cykle świetlne, rozwinęła się już na tyle, że stała się dojrzałą istotą natury, to dokonuje się następny krok ewolucyjny, prowadzący do dziecięctwa. Jest to wrodzenie się w zasadę Ojca-Matki.

Ciało duchowe dojrzałej już istoty natury, która znajduje się tuż przed wstąpieniem w dziecięctwo Boże, ma w sobie wszystkie substancje stworzycielskiego wszechświata – od minerału aż po pełnię dojrzałości istoty natury. Odpowiednio do swojego stanu świadomości istota natury służy i pomaga w sposób zgodny z Prawem w różnych fazach ewolucji, które sama przeszła w królestwach minerałów, roślin i zwierząt.

Największym krokiem ewolucyjnym jest, jak już objawiono, wrodzenie się w zasadę Ojca-Matki, które dokonuje się poprzez parę duali w duchowym zapłodnieniu. Tak więc istota natury zostaje wzniesiona poprzez parę dualną do dziecięctwa Bożego.

Rozpoznajcie, żadna istota natury nie jest podobna do drugiej. Każda istota natury rozwinęła dla każdej siły podstawowej Boga odpowiednią mentalność i specjalne zdolności. Mentalność i zdolności są ze sobą w absolutnej harmonii. Właściwości dojrzałej istoty natury odpowiadają właściwościom pary duali, w którą ona wradza się duchowo. Jeśli istota natury została wzniesiona do dziecięctwa, to już znajdują się w niej wszystkie boskie właściwości, również absolutne duchowe imię, które, jak już objawiono, odpowiada mentalności i zdolnościom duchowego dziecka.

Podobieństwo Boże, które Bóg Stworzyciel wprowadził poprzez tchnienie jako całość w duchowy atom i któremu towarzyszył na drodze rozwoju, prowadząc go aż do osiągnięcia dojrzałości doskonałej istoty duchowej, jest wtedy dokonane.

Kiedy istoty natury wzniesione zostają do dziecięctwa Bożego, wtedy równocześnie w duchowych płaszczyznach rozwoju tworzą się nowe kolektywy na skutek zapłodnienia przez Ducha Stworzyciela duchowych atomów. Z nich powstają kolejne formy życia. Kolektywy te, które człowiek nazywa też duszami zbiorowymi, napełniane są tchnieniem przez Boga Stworzyciela i prowadzone do kolejnego wyższego stopnia ewolucji.

Grupy minerałów, roślin i zwierząt, które nie mają jeszcze częściowej duszy, ale posiadają podobne właściwości, tworzą taki kolektyw. Kiedy formy życia osiągną określony stan świadomości, wtedy stopniowo rozwija się w nich wolna wola. W miarę jak w duchowej formie życia otwiera się wolna wola, uwalnia się ona ze swojego kolektywu, który stopniowo całkowicie się rozwiązuje, gdyż wszystkie dojrzałe cząsteczki o podobnych właściwościach formują się w samodzielne ciało.

Forma życia, która nie jest już związana z kolektywem, dojrzewa dalej. Buduje się w niej coraz więcej cząsteczek, dzięki czemu duchowe ciało się doskonali. Przebiega to podobnie jak w ludzkim ciele, które rozrasta się poprzez komórki i tkanki.

Im więcej duchowych cząsteczek składa się na formę życia, tym bardziej elastyczne jest duchowe ciało. Rozwój cząsteczek przebiega tak długo, aż dojrzała istota natury zostanie wzniesiona do duchowego dziecka. Wtedy rozwinęła ona w sobie i na sobie siły wszechświata, które jako dziecko Boże uczy się uaktywniać i stosować we wszystkich szczegółach.

Cząsteczki duchowe, które poprzez proces ewolucyjny kształtują się stopniowo w duchową formę życia, mają w sobie niezliczone duchowe atomy. Duchowe atomy zawierają jako esencję siły wszechświata. Zawierają one wszystkie energie świadomości czystego bytu, gwiazd, minerałów, roślin i zwierząt. Każda duchowa forma życia, również i doskonałe duchowe ciało, składa się tylko z cząsteczek. Ciało fizyczne natomiast składa się z kości, ścięgien i mięśni, ogólnie rzecz ujmując – z komórek. W swojej strukturze duchowe ciało odpowiada budowie całego stworzenia, całego wszechświata.

Gdy doskonałe formy życia przyrody – które człowiek nazywa również istotami natury – zostają wzniesione do dziecięctwa poprzez parę dualną, stają się duchowymi dziećmi. Dzieci-anioły są szkolone w duchowych płaszczyznach rozwoju i w duchowych światach, tak by mogły uaktywnić w swoim duchowym ciele wszystkie siły wszechświata, przez co ustanawiają precyzyjną komunikację ze wszystkimi formami życia. W ten sposób duchowe dziecko rozwija się w doskonałą istotę duchową.

Wszechobejmująca duchowa mowa,
duchowe praodczucie
– absolutny przekaz
w bezpośrednim widzeniu

Mimo że duchowe dzieci niosą w sobie siedem podstawowych sił Bożych, Prawo wszechświata, muszą jednak jeszcze raz pojąć je w całości, ucząc się zgodnej z Prawem komunikacji, nadawania i odbierania, tak by mogły się swobodnie poruszać w całej nieskończoności. W duchowych obszarach rozwoju duchowe dzieci uczą się również wszechobejmującej duchowej mowy, duchowego praodczuwania, które składa się z nieskończonej ilości dźwięków, kolorów i form. Tak więc uczą się one tego, co dojrzałe istoty duchowe mają absolutnie opanowane: umiejętności komunikacji z bliźnim w sobie w postaci doskonałego obrazu.

Ponieważ wszystkie istoty duchowe niosą w sobie jako esencję i siłę mentalność i zdolności swojego bliźniego, to odbierają one także w swoim ciele duchowym bezpośrednią dźwiękowo-obrazową mowę. To jest wszechobejmujący przekaz, który jest absolutny. Dlatego nie muszą się one upewniać, czy informacja dotarła prawidłowo i została zrozumiana. Nie ma tu żadnych wątpliwości, ponieważ boska zasada „wszystko we wszystkim" jest absolutna.

Każda istota duchowa rozumie swoje rodzeństwo, gdyż ono jest w niej żywe. Wszystko jest doskonałym bytem, również mowa istot duchowych. W tym wszystko obejmującym bycie, we wszechobejmującej, szczegółowej komunikacji, dojrzewają duchowe dzieci, dzieci-anioły.

U ludzi natomiast jest inaczej. Ludzie mówią często o rzeczach i sytuacjach, których w ogóle nie rozumieją. W następstwie tego sens wypowiedzi jest zupełnie inny, a więc jeden mija się w rozmowie z drugim. Tak powstają nieporozumienia. Dopóki ludzie nie są w jedności i dopóki bliźni nie jest żywy w ich sercu, dopóty żyją oni w różnych światach swoich myśli, przez co nie mogą się porozumieć.

Dlatego mowa ludzi tak długo będzie relatywna, aż nauczą się oni mowy serca. W związku z tym słowa ludzkie tak długo będą różnie rozumiane, aż przemówi serce. Dopóki to nie nastąpi, każdy mówi swoją mową, odpowiednio do swojej świadomości i do świata swoich myśli.

Dlatego też boskie objawienia są dla jednego człowieka prawdą, a dla drugiego nieprawdą. Wszystko zależy zatem od tego, w jakim stopniu duchowa świadomość została rozwinięta lub zamroczona, jak dalece światło duchowej świadomości jest w stanie promieniować.

W swoich objawieniach Odwieczny nie uwzględnia poglądów ludzi. Światło Boże świeci i daruje. Ono daruje się w słowie i w czynie. Ten, kto może to pojąć i coraz bardziej urzeczywistnia prawa miłości, osiąga rozszerzenie świadomości, coraz więcej pojmuje i rozumie ze skarbca miłości i mądrości Bożej. Nauczy się on mowy serca i będzie potrafił czytać w słowach oraz odczytywać to, co kryje się za słowami tego świata. Ten, kto tego nie chce, jest w stanie tylko częściowo pojmować objawienia niebios albo nie może pojąć ich wcale. Dlatego człowiekowi powiedziane jest z wolności Bożej: Kto może to pojąć, niechaj pojmie. Kto chce to zostawić, niech zostawi.

Drogie rodzeństwo w szacie ziemskiej, to, czego uczą się duchowe dzieci, dzieci-anioły, wasze duchowe ciało już przyjęło. Wszystko, co żyje w nieskończoności, co wibruje, siły odwiecznego wszech-bytu, jest w was rozwinięte. Tak więc w głębi waszej duszy jesteście bogaci, tak jak i my, istoty duchowe z odwiecznego bytu, jesteśmy nieskończenie bogate. Tak jak w nas działa odwieczna wszechmiłość i mądrość Boża, tak jest też ona żywa w głębi waszych dusz. Również i wy – po udoskonaleniu i oczyszczeniu waszych dusz – będziecie żyć ponownie we wszechpromieniowaniu, w Prawie Bożym, będziecie je wypełniać i żyć świadomie ze wszystkimi istotami, formami życia i ze wszystkimi siłami. Wtedy będziecie, tak jak i my, ponownie mówili wszechobejmującą mową, Prawem wszechświata. Będziecie również, tak jak i my, rozumieli wszystkie istoty i formy życia i będziecie potrafili posługiwać się wszystkimi siłami wszechświata.

W odwiecznym bycie nie ma żadnych nieporozumień, gdyż nasza mowa, odwieczne Prawo, którym jesteśmy i które przez nas promieniuje, nie zna nieporozumień. Wszystko, co jest, rozwija się w nas i przez nas. Każdy impuls, który odbieramy jako istoty, pojmujemy w sobie jako obraz, jako doskonałe widzenie, i każdy czyn, który wykonujemy, jest doskonałym Prawem. Możemy wszystko w sobie odebrać i odpowiednio do swojej świadomości i swoich zdolności tworzyć i wszystkiego dokonywać, gdyż posiadamy odwieczny skarb: siedem podstawowych sił wszechświata.

Ten sam skarb każdy człowiek nosi w sobie, głęboko w swojej duszy. My, rodzeństwo z odwiecznego bytu, bardzo chętnie pomagamy człowiekowi, który pragnie zbliżać się do Boga i poważnie stara się odkryć wewnętrzny skarb, odnaleźć do niego drogę. Poprzez objawienia wyjaśniamy wam wasze pochodzenie i wasze prawdziwe jestestwo.

W odwiecznym bycie wszystko jest samoczynnie promieniujące, gdyż odwieczne światło przenika wszystkie słońca i planety, wszystkie istoty duchowe, zwierzęta, rośliny i minerały. Każdy stan świadomości minerałów, traw, kwiatów, roślin i zwierząt promieniuje swoim światłem świadomości. To stwarza potężną wszech-komunikację – sieć promieniowania, która nie zna żadnych granic. Ponieważ wszystko jest zawarte we wszystkim i każda świadomość promieniuje samoczynnie, to nieskończoność jest jedynym w swoim rodzaju ogrodem światła Bożego. Dzięki boskiej zasadzie otwartości i jedności wszystko z powrotem przenika wszystko – to, co najmniejsze, przenika to, co największe, a największe, to, co najmniejsze. Dlatego w odwiecznym bycie nie ma góry ani dołu, lewej ani prawej strony, nie ma tyłu i przodu ani tu i tam. Wszystkie istoty duchowe niebios i wszystkie formy życia w płaszczyznach rozwoju niebios i na czysto duchowych planetach składają się na całość i służą całości, w zależności od swojego stanu rozwoju, swojej mentalności i swoich zdolności.

W wielkim ogrodzie światła Bożego poruszają się wszystkie formy życia i mają w Bogu swój byt. Pobudzone do dalszego rozwoju przez Boga Stworzyciela, Ducha ewolucji, różne rodzaje minerałów, roślin, zwierząt i istot natury znajdują się w ustawicznym procesie ewolucji, w rozwijaniu się, tak jak i znajdujące się w ogrodzie Bożym formy życia królestw roślin i zwierząt. Kiedy różne formy życia minerałów, roślin, zwierząt i istot natury zostają wzniesione przez Boga Stworzyciela na następny wyższy stopień ewolucji, to są zabierane z ogrodów odwiecznego bytu, z ojczystych planet istot duchowych, aby w duchowych obszarach rozwoju wykonać kolejny krok ewolucji.

Jednak z powodu dalszego rozwoju pojedynczych stopni świadomości duchowe planety mieszkalne nie leżą odłogiem. Duch Boży jest ruchem, jest stworzycielskim bytem. Dlatego też i w ogrodach nieskończoności nie ma zastoju. On, Bóg Stworzyciel, nieustannie wdycha i wydycha. Sprawia, że wszystko staje się, dokonuje się i wznieca kolejne powstawanie. Formy życia w płaszczyznach rozwoju, które stopniowo dojrzewają do następnego wyższego stopnia formy ewolucyjnej, zajmują w ogrodach istot duchowych to miejsce, z którego duchowe formy życia zabrane zostały do dalszego rozwoju.

Wszystko należy do wielkiej jedności, do Boga. Czy chodzi tu o istoty duchowe, czy o formy życia w duchowych obszarach rozwoju lub w ogrodach Bożych – wszystkie one są razem ze sobą, jedne dla drugich i w absolutnej harmonii pomiędzy sobą. Tworzą one wielką rodzinę Bożą, byt w strumieniu bytu.

Prawem Bożym jest ofiarne służenie. Wyżej rozwinięte formy życia służą jeszcze nie tak dalece rozwiniętemu życiu, a istoty duchowe, które są skrystalizowanym Wszech-Prawem, służą całemu bytowi. One przeszły już i uaktywniły wszystkie stopnie rozwoju i są w Bogu dokonanym, ukształtowanym bytem w strumieniu bytu. Ponieważ także i ich duchowe ciało powstało w podobnym procesie ewolucyjnym i uaktywniły one wszystkie prawidłowości nieskończoności, to znajdują się w nieustannej komunikacji ze wszystkimi stopniami świadomości i służą wszystkim formom życia.

Dlatego życie w Bogu jest niepodzielne. Cała nieskończoność jest wypełniona życiem i powstającymi formami życia.

Jak w niebie, tak i na ziemi

Aby na ziemi stało się podobnie jak w niebie – również w odniesieniu do świata zwierząt – objawiam się poprzez nadawanie i odbieranie.

Odwieczny byt jest odwiecznym Prawem, wszechstrumieniem, Bogiem, który wszystko przenika. W Nim działa odwieczna zasada dawania i przyjmowania, nazywana również nadawaniem i odbieraniem.

Wszystkie istoty, dusze, ludzie, zwierzęta, rośliny, krzewy, drzewa, minerały, kamienie i gwiazdy żyją we wszechstrumieniu, w Bogu, i odbierają niestrudzenie wszechstrumień, odwieczną siłę, Boga – Jego miłość. Wszystkie elementy nieskończoności, nawet najmniejsze elementy materii, odbierają siłę i życie, Boga. Każda komórka ciała, każde ziarenko piasku, każdy pyłek jest przeniknięty siłą Bożą, potężnym wszechstrumieniem. Również każdy człowiek – czy jest przeciw Bogu, czy dla Boga – jest dotykany przez wszechstrumień, przez odwieczną siłę, Boga.

Bóg jest dawcą, On jest odwiecznym Prawem. On, potężny, wszechpromieniowanie, Bóg, promieniuje w nieskończoność, również w materię. Wszystkie formy życia pobierają z odwiecznego Prawa, z wszechstrumienia, tylko tyle, ile odpowiada ich stopniowi rozwoju. Także i człowiek może z odwiecznego Prawa pobierać tylko tyle, na ile otwiera się poprzez urzeczywistnienie praw Bożych. Poprzez urzeczywistnienie człowiek otwiera się na wszechstrumień, na Boga, z którym podejmuje wtedy komunikację. Odwieczne Prawo daje, ono nadaje. Dusza i człowiek odbierają i nadają dalej, wypełniając wolę Bożą. W ten sposób człowiek udaje się świadomie w odwieczny strumień, w Boga.

Spełniać wolę Bożą oznacza: pożałować za to, co się u siebie samego rozpoznało jako niezgodne z Prawem, oczyścić to i więcej tego nie czynić.

Co jest niezgodne z Prawem? Wrogość, kłótliwość, zazdrość, nieczułość wobec ludzi i zwierząt, wobec świata roślin i minerałów. Pierwsze niezgodne z Prawem odczucia, myśli, słowa i czyny są nasionami tego, co pojawi się jako następstwo: wrogości, kłótliwości, zazdrości, nieczułości wobec ludzi, zwierząt, roślin i kamieni.

Być wypełnionym oznacza: To, co człowiek urzeczywistnił, wypełnia go siłą, miłością i mądrością. Ten, kto żyje w wypełnieniu, przestrzega praw Bożych. Żyje on wtedy w strumieniu, w Bogu, i jest świadomie połączony z Bogiem. Jest wtedy złączony ze swoim bratem, ze swoją siostrą i nie jest już przeciwko nim. Wynikiem bycia w jedności z bliźnim jest przeniesienie tego na świat zwierząt, roślin i minerałów, na wszystkie formy życia. Tak człowiek podejmuje komunikację z pozytywnymi, boskimi siłami wszechświata.

Ludzie, którzy dążą do Prawa Bożego, szanują swoje życie i życie dalszego bliźniego, a także życie świata roślin i minerałów. Nie będą oni zabijać umyślnie zwierząt ani ich zarzynać, ani też bezcześcić świata roślin i minerałów. Ten, kto trwa w boskiej komunikacji, odbiera z wszechstrumienia, z Boga, żyjąc tak, że wszystkie formy życia mają w nim swój byt. Wtedy jego duchowa świadomość zanurzona jest w oceanie, w Bogu, i zjednoczona jest z siłami wszechświata, które przenikają jego i które przenika on.

Rozpoznajcie: Każdy może odebrać od Boga w takim stopniu, w jakim skieruje się do Boga, do odwiecznego Dawcy.

Czyste istoty, istoty duchowe, otrzymują całą pełnię z Boga, gdyż żyją w Prawie Bożym i są skrystalizowanym Wszech-Prawem, Bogiem. Wszystkie inne formy życia, jak istoty natury, zwierzęta, rośliny, minerały i kamienie, odbierają z wszechstrumienia, Boga, światło i siłę odpowiednio do swojego stanu świadomości. Tym, co otrzymują, także promieniują, aż pobudzone przez Boga Stworzyciela zrobią kolejny krok w rozwoju. Gdy formy życia osiągną następny stopień rozszerzenia świadomości, to znowu przepływają przez nie wzmożone boskie energie. Mogą one wtedy wypromieniować więcej sił duchowych, a więc dawać, co oznacza – nadawać. W ten sposób buduje się stopniowo duchowa komunikacja, która nazywa się nadawaniem i odbieraniem.

Odpowiednio do swojego aktualnego stopnia świadomości wszystkie formy życia komunikują się poprzez odwieczne prawo nadawania i odbierania. Również człowiek, przez swoją rozwiniętą, świetlistą duszę, może osiągnąć kosmiczno-boską komunikację –wtedy, gdy to, co grzeszne, co obciąża duszę i zakrywa boską świadomość, przeistoczy z Chrystusem, swoim Zbawicielem, w światło i siłę. Wtedy osiągnie również komunikację z boskością we wszystkich istotach i ludziach, w zwierzętach, roślinach i minerałach. Odpowiednio do tego będzie mógł odbierać swoje otoczenie.

To, co czyste, znów nadaje czyste i ponownie odbiera to, co czyste. Człowiek również odbierze to, co nadał – boskie lub nieboskie. Bóg, odwieczne Prawo, nadaje. On nie usuwa się przed ludzkimi cieniami przez ograniczenie się i nadawanie tylko tego, co dla człowieka jest miłe; nie czyni tak również wtedy, gdy człowiek odwraca się od Boga. Potężny wszechnadajnik, Prawo, Bóg, jest i pozostaje nieograniczony.

Bóg jest wszechobecnością. W Nim nie ma żadnej odległości, gdyż On jest Wszech-Jedynym i wszechbytem, który wszystko przenika.

Człowiek w czasie, w którym panuje technika, mówi o zakresach nadawania. Tak określa długości fal i częstotliwości. Kanały, na których odbierają odbiorniki radiowe i telewizyjne lub nadają inne stacje nadawcze, mają ograniczone zakresy. Tego nie ma w odwiecznym bycie. Jak już objawiono, Bóg nadaje nieograniczenie. On, wielki Wszech-Jedyny, nie zna ani czasu, ani przestrzeni. On przenika nieskończoność i nadaje również przez obszary oczyszczania do żyjących tam dusz. Nadaje też w materię i poprzez materię, w ludzi i poprzez ludzi. Bóg nadaje poprzez każde zwierzę, każdą roślinę, każdy kamień. Każdy element jest przeniknięty Wszech-Prawem, Bogiem.

Według odwiecznego Prawa „wszystko przenika wszystko", przenikają siebie również wszystkie formy życia. Dlatego też dla wszystkich czystych form życia, do których należą zwierzęta, rośliny, minerały i kamienie, nie ma żadnego ograniczenia. Odbierają one bowiem siły wszechświata odpowiednio do swojego duchowego stanu świadomości i nadają je również odpowiednio do swojego stanu świadomości.

Minerały i rośliny są jeszcze związane z miejscem pobytu. W zwierzętach uaktywniają się predyspozycje do wolnej woli. Dlatego zwierzęta, a przede wszystkim istoty natury, mogą poruszać się swobodnie w obrębie promieniowania swojej świadomości, czyli tak daleko, jak daleko sięga ich promieniowanie. Im większy jest potencjał cząsteczek duchowych, tym szerzej promieniuje wolna wola w zwierzętach i w istotach natury; odpowiednia do tego jest także ich swoboda poruszania się.

Tak daleko, jak sięga promieniowanie świadomości istot natury, kierują się one do istot duchowych i pozostają z nimi, by działać z nimi w ogrodach Bożych. Również zwierzęta, które poruszają się w ogrodach Bożych, są razem z istotami duchowymi i z istotami natury. Odpowiednio do ich stanu rozwoju, to znaczy tak daleko, jak sięga światło ich świadomości, pozostają one w komunikacji ze wszystkimi formami życia, które rozwinęły już jako światło i siłę – także z istotami duchowymi, od których mogły odebrać i zrozumieć te impulsy, które są już w nich samych rozwinięte.

Wszystkie formy życia nadają impulsy odpowiednio do swojego stanu świadomości, to znaczy nadają i odbierają. Zwierzęta – możemy je także nazwać dziećmi stworzenia – wyczuwają już imiona istot duchowych. Jeśli pragną wejść w świadomy kontakt z daną istotą duchową, to nadają odpowiednie impulsy, w których rozbrzmiewa również imię istoty duchowej lub danej formy życia tak dalece, jak pojmuje je i może dalej przekazać stan świadomości dziecka stworzenia. Dojrzała istota natury w znacznym stopniu pojmuje już, wyjąwszy nieliczne subtelne odcienie, pełne imię istoty duchowej, gdyż rozbudowała w sobie, z wyjątkiem niewielu sił świadomości, wszystkie energie kosmiczne.

Istoty duchowe natomiast widzą i wiedzą, jakie jest imię świadomości danej formy życia. Poprzez to imię podejmują komunikację ze wszystkimi formami życia, to znaczy, że zwracając się do nich, wypowiadają ich imiona. Do żadnej formy życia, która znajduje się w ewolucji, istota duchowa nie kieruje się per „minerale", „roślino" czy „zwierzę". Istoty duchowe nazywają po imieniu wszystkie formy życia, które posiadają już potencjał sił.

Dzięki rozwinięciu wolnej woli wszystkie formy życia stają się niezależne. Żadna z form życia nie wiąże się z istotą duchową, chociaż zwierzęta i istoty natury o wyższym stopniu dojrzałości przebywają często w otoczeniu istot duchowych. Również i istoty

duchowe nie przywiązują do siebie żadnych form
życia, gdyż rozwinęły one wolną wolę, która czyni je
wolnymi, a więc niezależnymi. Wolność, która czyni
je wolnymi, pozwala również, aby bliźni i dalsi bliźni, a więc formy życia o różnych stopniach świadomości, także żyły w wolności.

Niewidoczni pomocnicy na ziemi:
istoty natury opiekują się formami życia
królestw minerałów, roślin i zwierząt

Drogie rodzeństwo w szacie ziemskiej, w moim objawieniu sięgnęłam daleko wstecz, abyście mieli przegląd dotyczący powstawania form życia, rozpoznali różnice, jakie są pomiędzy zachowaniem się istot duchowych w stosunku do form życia a zachowaniem się ludzi w stosunku do ziemskiego świata zwierząt, roślin i minerałów.

A teraz objawiam temat dotyczący zachowywania się człowieka wobec człowieka, człowieka wobec zwierzęcia i zwierzęcia wobec człowieka.

Również ziemia nosi minerały, rośliny i zwierzęta. Istoty natury, które są z Ducha, a nie z materii, i dlatego są dla wielu ludzi niewidoczne, działają na ziemi na rzecz wszystkich form życia, które żyją jeszcze poniżej stanu świadomości istot natury, tak jak minerały, kamienie, rośliny i zwierzęta.

Istoty natury, które nie są widoczne dla ludzkich oczu, a które służą materialnym królestwom przyrody, są podporządkowane istotom duchowym. Te z kolei sprawują nadzór nad królestwami minerałów,

roślin i zwierząt. Pod ich kierownictwem działają istoty natury. One pomagają przez duchowe formy, na
przykład kwiatów i zwierząt, ich formom materialnym. Istoty natury działają w świecie zwierząt, roślin
oraz minerałów w bardzo różnorodny sposób. Pocieszają poprzez delikatne, bezinteresowne, duchowe
odczucia swojej świadomości, promieniują uzdrawia-
jącymi siłami wszechświata w duchowe aspekty zwierząt, roślin i minerałów. Pocieszają, chronią i podbu-
dowują materialne formy życia tak dalece, jak jest to
dla nich możliwe. Działają razem z tymi istotami duchowymi, pod których opieką znajdują się królestwa
przyrody. Budują potężną sieć komunikacyjną, którą
można porównać do absolutnie sprawnie działającej
organizacji niosącej pomoc.

Odwieczny Stworzyciel nastawił całe stworzenie
na służenie i pomoc, to znaczy na komunikację z całym bytem. Bardziej rozwinięta świadomość służy
małej jeszcze świadomości, a mała świadomość służy tak dalece swoim promieniowaniem i działaniem
wyższej świadomości, na ile jest to dla niej możliwe.
Tak więc czyste istoty duchowe służą istotom natury, a istoty natury, odpowiednio do swojego rozwoju, istotom duchowym. Razem zaś służą one i pomagają zwierzętom, roślinom i minerałom. Tak jak

ludzie nie są sami, tak też zwierzęta, rośliny i minerały nie są pozostawione samym sobie.

Również każdy człowiek ma przy sobie niewidocznego pomocnika i sługę, nazwanego istotą duchową lub aniołem stróżem – istotę, która go wspiera i pomaga mu, jeśli on, człowiek, jest do tego gotowy, czyli jest otwarty na impulsy. Istoty duchowe i istoty natury służą na ziemi zwierzętom, roślinom i minerałom. Tak więc świat zwierząt, roślin i minerałów jest objęty przez służące i pomocne siły istot duchowych i istot natury. Aniołowie i istoty natury działają niewidzialnie i służą ludziom, zwierzętom, roślinom i minerałom. Starają się one pomóc duchowej części w zwierzętach i – tak dalece, jak jest to możliwe – również ich materialnemu ciału, powłoce duchowej substancji.

Zwierzęta, których dusze częściowe nie zostały tak bardzo obciążone przez ludzi, i zwierzęta, które jeszcze dołączone są do kolektywu, a które jeszcze nie były przez ludzi za bardzo maltretowane, są jasnowidzące. One odczuwają, widzą i odbierają boski świat, anioły i istoty natury. Szczególnie wtedy, kiedy zwierzęta znajdują się w potrzebie, ich wnętrze – światło stworzycielskie w nich – promieniuje silniej. Dzięki temu również ich zewnętrzna forma, powłoka, ciało, może odbierać to, co niewidoczne. Daje to wtedy wsparcie i ostoję zwierzętom żyjącym na polach, w lasach, w powietrzu i w wodzie.

Jeśli na przykład zwierzęta na polach, w lasach, a często także zwierzęta gospodarskie, wydają na świat młode, stają się na krótki czas jasnowidzące i rozpoznają, że świetliści pomocnicy ostrożnie promieniują do nich światło i siłę i pomagają im.

W ten sposób dziecko stworzenia, dalszy bliźni, czuje się bezpieczne, otulone promieniowaniem stworzycielskim, Bogiem, o którym wie, że jest On nieskończenie kochającym Duchem stworzycielskim, jego sercem i pulsem.

W ten sposób Bóg Stworzyciel wspiera dusze częściowe i wszystkie zwierzęta, które dołączone są jeszcze do kolektywów. Również rośliny, które cierpią, są pod opieką niewidocznych pomocników – na tyle, na ile jest to dla nich możliwe. Podobnie dzieje się z królestwami minerałów. Także one otrzymują pocieszenie poprzez promieniowanie i odczucie, że nie są opuszczone.

Człowiek nie zawsze jest pełnym zrozumienia, pomocnym bratem lub pełną zrozumienia, pomocną siostrą. Nieświadomi ludzie działają na minerały, kamienie, rośliny i zwierzęta bezwiednie, gdyż sami są nieświadomi. Dlatego materialne, fizyczne ciała zwierząt i roślin odpowiadają stanowi świadomości danej formy życia tylko w takim stopniu, w jakim nie zostały one zmienione poprzez krzyżowania.

W świecie zwierząt i roślin jest podobnie jak z duszą, która otoczona jest powłoką z grubszej substancji – ludzkim ciałem. Tym, co dusza niesie – światło lub cienie – promieniuje jej fizyczne ciało. Fizyczne oczy mogą odebrać jedynie zagęszczenie – materię. Materia jest powłoką ducha i dlatego jest relatywna.

Ponieważ człowiek ingerował i ingeruje w rozwój ziemskiego życia i ziemskich form życia według swoich wyobrażeń, przez co wiele zmienił i zmienia, pragnę zwrócić się do moich ludzkich braci i sióstr w objawieniu „Zwierzę – człowiek. Kto jest więcej wart?".

Zanim będę mogła bezpośrednio poruszyć ten temat, stawiam poważne pytanie wszystkim braciom i siostrom, którzy czytają moje objawienie, aby skłonić ich do zbadania następujących spraw:

Jak człowiek żyje na tej ziemi?

Jak wielu ludzi zachowuje się wobec świata zwierząt, dalszych bliźnich, roślin i minerałów?

Czy człowiek jest oddany światu zwierząt, królestwom przyrody i minerałów, czy jest im przeciwny?

Czy ty, drogi bracie, droga siostro, jesteś w jedności ze wszystkimi substancjami ziemi i ze wszystkimi formami życia?

Czy ty i wielu twoich współbraci macie dostęp do świata zwierząt, roślin i minerałów?

Droga siostro, drogi bracie, te pytania zapewne poruszyły twoje sumienie. Jeśli rozbudziły również twoje zainteresowanie tematem „Zwierzę – człowiek", to wiedz, że moje objawione słowo dotyczy przede wszystkim świata zwierząt, chociaż obejmie ono również świat minerałów i roślin, gdyż i one są życiem z wszechmocy życia.

Drogi czytelniku, zastanów się nad postawionymi wcześniej pytaniami. Nie mów od razu, że masz dostęp do wszystkich form życia. Sprawdź siebie!

Czy uważasz, i czy w szerszym tego słowa znaczeniu wielu ludzi na ziemi uważa, że trzymanie zwierząt w klatce, w mieszkaniu lub w domu albo trzymanie samotnego kota lub psa odpowiada duchowi wspólnego życia lub miłości do zwierząt, dalszych bliźnich, które są naszym rodzeństwem? Czy jest to miłość do zwierząt, jeśli swoim dalszym bliźnim, na przykład psom, zakładacie łańcuchy i dajecie im bardzo ograniczone miejsce do poruszania się albo gdy nie wypuszczacie kotów z mieszkania?

Niektórzy z was powiedzą: „Nie można inaczej, bo są psy, które muszą być na łańcuchu, gdyż inaczej atakowałyby ludzi!". Znowu zapytam was wprost: Od kogo zwierzęta przejęły tę cechę atakowania ludzi?

Czy myślicie, że duchowe formy życia – nazywane na ziemi duszami zbiorowymi lub częściowymi – które jako dalsi bliźni otoczone są powłoką z grubszej substancji, przyniosły te agresje prosto z nieba? Czy też to człowiek w przeciągu tysiącleci przeniósł na świat zwierząt swoje ludzkie, agresywne postępowanie?

Skutki wpajania programów sprzecznych z Prawem nie ukazują się od razu w jednym wcieleniu. Proces ten zachodzi w ciągu wielu inkarnacji, ponieważ zwierzęta – zarówno te, które żyją w zespole zbiorowych dusz, jak i te o duszach częściowych – inkarnują się wciąż na nowo, aż Bóg Stworzyciel, Duch ewolucji, wezwie je z powrotem do duchowych płaszczyzn rozwoju.

Niewinnemu zwierzęciu zakłada się łańcuch, gdyż we wcześniejszych inkarnacjach lub w tym wcieleniu było przez człowieka tropione, nękane lub też tresowane do gryzienia i szarpania. Jeśli zatem takie zwierzę nie jest życzliwe wobec człowieka i atakuje go, to człowiek mówi, że jest to dzikie, niepohamowane zwierzę, które musi być na łańcuchu!

Stawiam dalsze, bezpośrednie pytanie moim ludzkim braciom i siostrom:

Kim jest ten, któremu muszą być założone cugle? Czy poskromić się albo odczuć na sobie łańcuchów nie powinni raczej ci ludzie, którzy tresowali i tresują swoich dalszych bliźnich albo którzy stosowali i stosują wobec nich przemoc i przez to pozbawiali i pozbawiają ich wolności i swobody?

W jakże oczywisty sposób trzyma się na smyczy te tak zwane „niebezpieczne" psy, aby chronić przed nimi ludzi. Kto jednak narzucił te negatywne cechy dalszym bliźnim, tak że stali się w końcu niebezpieczni?

To zawsze byli i są ludzie, którzy w stosunku do swoich bliźnich są pozbawieni miłości, zatwardziali i nietolerancyjni, którzy swoich bliźnich poniżali i poniżają, aby siebie samych wywyższać, albo tacy ludzie, którzy znieważali i znieważają swoich bliźnich, uzależniali i uzależniają ich od siebie, wymuszali i wymuszają na nich posłuszeństwo, a więc tresowali i tresują ich do spełniania swoich własnych celów.

Zniewoleni ludzie są ludźmi wytresowanymi, którzy robią to, czego chcą od nich bliźni. W ten sposób związują swoją wolę z wolą tego, kto wywiera na nich nacisk i tresurą wpaja w nich „stanie na baczność". Ten, kto pozbawia bliźniego woli, przyczynia się do tego, że w bliźnim rośnie niezadowolenie, frustracja i agresje. W wielu przypadkach to zwierzęta, dalsi bliźni, muszą to znosić.

Zagrożenie przychodzi więc od człowieka, który swoją brutalność przeniósł i przenosi na zwierzę. Sprawiedliwiej byłoby wziąć brutalnego, agresywnego, niebezpiecznego człowieka na łańcuch lub na smycz, aby się opamiętał. Byłoby to w wielu przypadkach bardziej pomocne i bardziej zbawienne, gdyż pobudziłoby go do zmiany w jego sposobie myślenia, zanim przyczyny, które stworzył, spadną na niego jako skutki.

Argument wielu ludzi jest taki: „Musimy chronić naszych podopiecznych przed różnego rodzaju niebezpieczeństwami, na przykład przed samochodami, które za szybko jeżdżą, przed kontaktem z innymi ludźmi albo też przed ich własnymi nieobliczalnymi odruchami". Dlatego na przykład psy, szczególnie w miastach tego świata, muszą godzinami chodzić na smyczy. Nie mówcie: „Postępujemy tak właśnie dlatego, że kochamy zwierzęta. Chcemy je chronić". Czy na tym polega miłość, aby według waszej miary i waszego widzimisię wychowywać i tresować stworzenia Boże?

Czy na tym polega miłość, że pędzicie szybkimi samochodami po drogach, druzgocząc niezliczone ptaki i owady na przednich szybach waszych samochodów albo przejeżdżając po nich i zadając im niewyobrażalny ból?

Przez niezgodne z Prawem postępowanie ludzi, przez łańcuchy, smycze, klatki i przez to, że dalsi bliźni muszą żyć przy ludziach w odosobnieniu, wiele zwierząt stało się niewolnikami ludzi, którzy wzięli je sobie dla samolubnych celów i posługują się nimi. Wiele zwierząt jest z ludźmi tylko dlatego, że są przez nich do tego zmuszane.

Innym wykroczeniem ludzi przeciwko Prawu jest zmiana genów, cech zwierząt, poprzez krzyżowanie. Człowiek tak często krzyżował wiele zwierzęcych ciał, że wywarło to wpływ na ich geny, tak że nie mogą one już żyć zgodnie ze swoimi pierwotnymi cechami. Z tego powodu ich świadoma komunikacja z Bogiem Stworzycielem, Duchem ewolucji, jest nikła. Gdy Stworzyciel wzywa dusze częściowe, one prawie tego nie odczuwają, gdyż były przez wielu ludzi deformowane, nękane i z premedytacją zabijane albo też znalazły się w rękach rzeźników, którzy przygotowywali je do zjedzenia lub do przeprowadzania na nich doświadczeń.

Człowiek miesza się w proces rozmnażania, prowadząc zwierzę rodzaju żeńskiego do zwierzęcia rodzaju męskiego lub odwrotnie. Człowiek decyduje więc, kiedy żeńskie zwierzę ma począć, z jakim męskim dalszym bliźnim ma się to odbyć i w jakim roku.

Na to, czy rodzaj zwierząt i ich cechy harmonizują ze sobą, czy nie, czy geny pasują do siebie w znacznym stopniu i czy pasują do siebie wibracje krwi i całego organizmu, również nie zwraca się żadnej uwagi. Człowiek-pan nie zadaje sobie pytania, czy prawo naturalne nie przewiduje tego inaczej dla żeńskiego, jak również męskiego zwierzęcia. Zwierzę ma robić to, czego życzy sobie tyran. A kiedy zwierzę zaatakuje człowieka-pana, który kiedyś na różne sposoby zmuszał je do tego, czego prawo naturalne nie przewidziało dla zwierzęcia, to dalszy bliźni, zwierzę, jest z powodu swojego niewłaściwego zachowania bite i nękane. W rzeczywistości człowieka spotyka tylko to, co sam zasiał, a więc to, co sam spowodował.

Dla wielu ludzi wszystko to, co pozornie nie mówi lub nie broni się, jest martwą, w wielu przypadkach bezimienną rzeczą do użytku, przedmiotem, który może być używany według ludzkiego widzimisię, czyli wykorzystywany.

Drogi bracie, droga siostro w szacie ziemskiej, czy to jest miłość do świata zwierząt?

Istoty duchowe i istoty natury działają niestrudzenie, by chronić dusze zbiorowe i dusze częściowe zwierząt, aby na ile to tylko możliwe, utrzymywać duchową komunikcję, aby odebrały one wezwanie Wszech-Jedynego, kiedy będzie chciał je poprowadzić z powrotem do duchowych płaszczyzn rozwoju.

Zwierzęta domowe
zniekształcone przez ludzki egoizm
Potwór człowiek – rzeźnik, hańbiciel
Doświadczenia na zwierzętach
– bezsensowne cierpienie

A teraz pokażę inną perspektywę, tak zwaną miłość ludzi do zwierząt, do dalszych bliźnich, która nie jest niczym innym jak egoizmem.

Wielu ludzi trzyma zwierzęta jako maskotki lub przytulanki, które w każdej chwili – gdy tylko właściciel będzie miał na to ochotę – można pogłaskać, wypłakać się im lub wylać na nie w słowach czy myślach swoje rozgoryczenie, tęsknoty, złośliwości, swoją kłótliwość i wiele innych rzeczy i pocieszyć się u pozornie milczącego ulubieńca. Również i łzy zgorzkniałej pani lamentującej nad sobą, oblizywane przez zwierzątko, przynoszą właścicielce pocieszenie. Jest ona przekonana, że tak dobrze nie zrozumie jej żaden człowiek. Wynikiem takiego wypaczenia jest zwierzę, które pozbawione zostało własnej godności i wytrzymałości. Staje się ono smutne, złośliwe, kłótliwe lub agresywne i nie zna już prawie swoich pierwotnych cech i według nich nie żyje.

Te ekscesy ludzkiego ja przenoszą się na zwierzę, które programuje się nimi i ulega wypaczeniu. Ludzkie ekscesy – wypaczenia ludzkiego ja, które z biegiem czasu ukształtowały ziemskie ciało ludzkie, nacechowały je i nadal cechują – działały i dalej działają na zwierzęta, przede wszystkim na te zwierzęta, które żyją w bezpośrednim lub bliskim otoczeniu ludzi.

Poprzez takie i podobne postępowanie wielu właścicieli zwierząt straciło kontakt z rzeczywistością, z prawdziwym życiem na duchowej płaszczyźnie bytu. Podobnie wiedzie się zwierzętom, które ludzie trzymają dla swoich egoistycznych celów, które wykorzystują i których nadużywają, aby służyły ludzkiemu ja, ludzkim namiętnościom i ludzkiej chciwości, na które wylewają swoje łzy i negatywne myśli. Poprzez to niezgodne z Prawem oddziaływanie człowieka na dalszych bliźnich lub poprzez błędnie zrozumianą miłość do zwierząt często piesek trzymany na kolanach upodabnia się do swojej byłej lub obecnej pani albo też pies myśliwski przejmuje żądzę polowania swojego byłego lub obecnego pana.

W miejscu, gdzie powinno bić serce, wielu ludzi ma zimny głaz, który „bije" tylko dla ich niskiego ja. Dlatego nie mogą już poczuć i odebrać wszechobejmującego życia ani też otaczających ich bezpośrednio dalszych bliźnich, zwierząt domowych.

Dla wielu ludzi zwierzę jest tylko przedmiotem pozbawionym uczuć i odczuć, który może być nękany, zarzynany i zjadany. Dlatego wiele zwierząt trzymanych jest w okrutnych warunkach – albo jako zwierzęta produkcyjne, na przykład kury, które mają znosić jajka, albo zwierzęta rzeźne, aby kanibal-człowiek mógł przyrządzić sobie krwawe uczty.

Wiele zwierząt trzyma się również dla celów doświadczalnych, gdyż naukowcy twierdzą, że zwierzęta nie mają uczuć. Takie nastawienie wywodzi się z demonicznych reguł, zmierzających do zniekształcenia stworzenia pochodzącego od Stwórcy. Pozbawieni uczuć naukowcy szukają przyczyn niektórych chorób albo testują na zwierzętach nowe lekarstwa, sprawdzając, jak one na nie reagują. Każdy normalny człowiek powinien wiedzieć, że kiedy ludzie reagują, to odczuwają, i że jeśli zwierzęta reagują, to też odczuwają – podobnie jak ludzie – cierpienie, ból lub też lęk przed śmiercią.

Tylko nieliczni ludzie wiedzą, że każda choroba, która ukazuje się w ciele, ma swoją przyczynę w duszy.

Wielu „wielkich tego świata” nie wierzy w Boga i w Jego sprawiedliwość, gdyż siebie samych uważają za równych bogom, którzy mogą, jak sądzą, robić, co im się żywnie podoba.

Człowiek poprzez swoje niezgodne z Prawem zachowanie zawinił wobec wiecznie kosmicznych praw. Winą jest siew winnego, który wniknął i wnika w jego duszę. Kto zasiał i sieje, ten zbiera to, co sam zasiał w glebę swojej duszy. Siew najpierw wnika w jego duszę i promieniuje w jego fizyczne ciało. Skutek, który uwidacznia się w ciele człowieka, może być chorobą, ułomnością, ciosem losu, samotnością, opuszczeniem i tym podobnym, w zależności od tego, co człowiek zasiał. Cóż więc ma do tego niewinne zwierzę, dalszy bliźni, jeśli człowiek sam siebie niszczy poprzez swój negatywny siew?

Czy doświadczenia na zwierzętach mają sens, jeśli przyczyny chorób człowieka znajdują się nie w jego ciele, lecz w duszy, tam gdzie rodzi się choroba? Lekarstwo, które wypróbowano na ciele zwierzęcia i uznano za właściwe, nie może uleczyć przyczyny tkwiącej w duszy człowieka. Dlatego lekarstwo podane przez człowieka nie przyniesie żadnej trwałej ulgi, gdyż przyczyny tkwią w duszy.

Lekarstwo może nawet wcisnąć chorobę z powrotem w duszę, co oznacza odwleczenie choroby w czasie, ale nie jej uleczenie – nawet wtedy, kiedy w tym celu musiały cierpieć zwierzęta.

Ten, kto wie, jak cierpią zwierzęta, i milczy albo też popiera przeprowadzanie doświadczeń na zwierzętach lub je przeprowadza, ten odpowiednio do tego obciąża swoją duszę.

Dopóki zarzyna się zwierzęta, pozbawia je części ciał, amputuje kończyny i używa się zwierząt do celów doświadczalnych, również człowiek będzie trafiał na „stół rzeźniczy", jakim jest stół operacyjny.

Bóg jest jednością i życiem.

Dlatego wszystkie zwierzęta, rośliny, minerały i kamienie muszą być włączone w życie duchowo rozwijających się ludzi. Ten, kto swoje nastawienie do zwierząt zmienia w zrozumienie, życzliwość i tolerancję, zbliża się coraz bardziej do wspólnego działania i nawiązuje komunikację ze swoim dalszym bliźnim.

Kto szanuje życie, nie hoduje już zwierząt na rzeź, gdyż i one, podobnie jak i zwierzęta domowe, czują, dlaczego trzyma się je w obejściu i w zagrodach. To, co ludzie myślą i czym promieniują, zwierzęta odbierają, na przykład gdy zbliża się czas uboju. Człowiek rozmyśla nad tym, kiedy najlepiej wystawić zwierzę na sprzedaż, odstawić do rzeźni lub do rzeźnika. Człowiek myśli o sprzedaży i widzi już pieniądze, które otrzyma za zabite zwierzę. To wszystko powstaje w nim w formie obrazów, które zawierają w sobie różne wibracje jego myśli i zostają wywęszone lub odczute przez zwierzęta. Człowiek, który nie posiada prawie żadnej komunikacji z życiem, nie może w ogóle pojąć tych lęków i cierpień, które powstają wówczas w zwierzętach.

To, co człowiek zrobił i robi swojemu dalszemu bliźniemu, spadało i spada na niego z powrotem. To samo lub podobne będzie musiał znieść i przecierpieć. Tak więc to, co człowiek zrobił swojemu dalszemu bliźniemu, zwierzętom domowym, zwierzętom pól, lasów i powietrza, i to, co zrobili rolnicy zwierzętom w zagrodach lub co człowiek wywołał poprzez swoje słowa i uczucia – to zrobił sobie samemu. To jest gorzka pigułka, którą sam musi przełknąć.

Ten, kto z tego szydzi lub odsuwa od siebie te potworności, o których tutaj tylko wspomniałam i które mają miejsce na tym świecie, na ziemi, w sposób tak okrutny, że nie można tego opisać, musi zadać sobie pytanie, czy w obliczu swoich poglądów jest on jeszcze człowiekiem, dzieckiem Odwiecznego, podobieństwem wiecznie kochającego Ojca, czy też jest potworem, który przed niczym się nie cofa, zawłaszcza wszystko i pożera swoim ludzkim ja dla swojej pozornej korzyści. Ten, kto nie szanuje niczego poza swoim ludzkim, chciwym, pożądliwym, samolubnym i próżnym ja, zna też tylko siebie i musi postawić sobie samemu pytanie, na jaki poziom świadomości się udał.

Potwór składa się z brutalnych, nieszlachetnych, nikczemnych sił myślowych i nie może być przyrównany do żadnego zwierzęcia – dalszego bliźniego.

Zwierzę, dalszy bliźni, dziecko stworzenia, jest stworzeniem z Boga, jest subtelne i szlachetne, gdyż duchowe formy życia są czyste.

Również człowiek, który żyje w zgodzie z siłami królestw przyrody, jest w swoim życiu i myśleniu subtelny, szlachetny i dobrotliwy wobec swoich współbraci, gdyż jest on w łączności z Bogiem i oddaje cześć i chwałę życiu w Bogu. On szanuje i ceni wszystkie formy życia, bez względu na to, czy ich inteligencja uformowała się już w ich częściowej duszy poprzez krystalizujące się odwieczne Prawo, czy też ujęta jest jeszcze w kolektywach. Wie on o tym, że wszystkie formy życia są częścią jego prawdziwego jestestwa. Odpowiednio do tego duchowego rozpoznania myśli on i żyje.

Rzeźnik i hańbiciel, myślący tylko o sobie samym i niemający żadnego szacunku wobec życia, czy to w formie człowieka, zwierzęcia czy rośliny, będzie musiał – najpóźniej wtedy, gdy spadną na niego przyczyny jako skutki – sam postawić sobie pytanie, czy może jeszcze określić siebie mianem człowieka – który z pochodzenia jest podobieństwem Boga – czy też jego myślenie i działanie równe jest zachowaniu potwora, który myśli o sobie, o tym, by tylko jemu dobrze się wiodło, który w brutalny sposób obchodzi się ze swoimi współbraćmi i królestwami zwierząt, roślin i minerałów, postępując jak bożek, któremu składa się cześć i hołd.

Ten, kto nie ma żadnego szacunku dla życia, nie szanuje też własnego życia. Odrzuca je, gdyż działa wbrew prawom Bożym. Człowiek musi tak długo cierpieć, aż jego dusza poprzez cierpienie dojrzeje. Ten jednak, kto rozbudzi się i w porę zawróci, idąc drogą prawdziwej skruchy, prośby o przebaczenie i przebaczenia, i nie będzie tego samego lub podobnego więcej czynił, otrzyma pomoc i odnajdzie wewnętrzny pokój.

Dalsi bliźni, zwierzęta, również rośliny oraz kamienie – wszystkie królestwa przyrody – chcą człowiekowi służyć. Ten, kto nie szanuje i nie kocha życia przyrody, kto nie utrzymuje komunikacji z odwiecznym życiem, stanie się tym, którego określiłam jako potwora. Człowiek skierowany na swoje ja stawia siebie wyżej niż życie bliźniego i dalszego bliźniego – zwierzęcia, roślin i minerałów – a potem dziwi się, gdy trafiają go cierpienia, choroby czy ciosy losu. Przed człowiekiem, który myśli tylko źle, formy życia cofają się, zaczynają występować niedobory w jego duszy oraz w ciele. Brakuje mu życiodajnej siły. Następstwem tego jest choroba, bieda, cierpienie, osamotnienie, opuszczenie i wiele więcej.

Ten, kto czujnymi oczami i zmysłami obserwuje ten świat i ludzi nim rządzących, rozpoznaje, że ludzkość znajduje się w fazie potężnej przemiany, gigantycznego przełomu czasów. Bóg, Odwieczny, mówił i mówi: „Uczynię wszystko nowym".

Epoka Ducha nadchodzi z mocą. Wielu ludzi zaczyna się zastanawiać i zawraca. Rozpoznają oni, że stary, grzeszny świat nie może być życiem. Człowiek urodził się do bardziej wzniosłego życia niż tylko do życia pełnego walki, wojen, znęcania się, morderstw i zabijania. Ludzie wierzący w wyższe ideały i wartości dochodzą do samorozpoznania według hasła: Człowieku, musisz stać się boskim!

Początkiem wyższej etyki i moralności jest wysubtelnienie i uszlachetnienie człowieka, który przezwycięża to, co niskie, to, co wkrada się w świat jego odczuć i myśli. Z tego szlachetniejszego świata odczuć i myśli wyrastają szlachetniejsze słowa i czyny. Ten, kto sam siebie pokona z pomocą Chrystusa, wysubtelni swojego całego człowieka, a więc również pięć ludzkich zmysłów. W następstwie duchowego rozwoju wysubtelnia się cała struktura ciała, które staje się też bardziej delikatne. Dzięki tej stopniowej przemianie powstaje nowy człowiek.

W przemianie czasów człowiek staje się więc bardziej szlachetny i subtelny, gdyż żyje bardziej świadomy Boga. Człowiek Nowego Czasu żyje w Chrystusie i z Chrystusem, ze swoim Zbawicielem i boskim bratem. W całym swoim myśleniu, mówieniu i postępowaniu oddaje Bogu cześć i żyje świadomie jako dziecko Boże. Myślenie i życie nowego człowieka, a także struktura ziemi, staną się z pokolenia na pokolenie coraz bardziej subtelne, co oznacza, że na bardziej świetlistej ziemi ulegną przemianie formy oraz barwy roślin i zwierząt.

Epoka Ducha nadchodzi z mocą i wnika też w wielu ludzi, którzy kierują się na Boga, na wieczne Prawo, i do Niego się dostrajają. Wtedy stopniowo spełni się to, co Bóg przez proroka Izajasza objawił o zwierzętach, które kiedyś będą żyły z człowiekiem w jedności i pokoju.

Aby ten stan boskiego człowieczeństwa został osiągnięty, potrzebne jest wewnętrzne prowadzenie.

Żeby człowiek dotarł do głębi swego serca, do boskiej iskry duszy, Odwieczny, Jego Syn i posłańcy Boga dają ludziom wciąż na nowo wskazówki-drogowskazy, by pozostawili oni swoje stare nawyki i wzory postępowania, rozpoznali wolę Boga i spełniali Jego Prawo. Również moje objawienie jest takim pomostem do głębi wnętrza, do prawdziwego bytu.

Ten, kto dobrowolnie słucha o prawach Bożych, zobowiązuje się też wprowadzić w czyn to, co rozpoznał, to znaczy urzeczywistnić. Dlatego stawiam teraz pytanie ludziom, którzy przeczytali moje słowa: Jak postępujesz, jako świadomy Prawa, wobec swojego bliźniego i wobec swoich dalszych bliźnich na podwórkach, w domach, w zagrodach, na polach, w lasach, w powietrzu i w wodzie?

Pamiętaj, że wszystkie zwierzęta, duże czy małe, posiadają narządy doznawania. Żadnego zwierzęcia nie wolno umyślnie szczuć, zabijać i zarzynać.

Wielu ludzi wciąż jeszcze uważa, że zwierzęta w lasach i na polach muszą być zabijane, żeby w przyrodzie była zachowana równowaga i aby na polu i w lesie ograniczyć szkody spowodowane przez szukające pożywienia zwierzęta.

Drodzy bracia i drogie siostry, dopóki wasze dusze uszkodzone są przez fałszywy sposób myślenia i postępowania, to znaczy dopóki są obciążone, również w świecie zwierząt nic się nie zmieni.

Święty Porządek Boga przewidział wszystko, również porządek materii. Czy myślicie, że Bóg potrzebuje waszych strzelb, sideł i trucizn, aby utrzymywać równowagę ekologiczną?

Bóg, Wszechduch, reguluje wszystko poprzez promieniowanie swojego świętego Porządku. Gdyby człowiek nie ingerował w ekologiczną równowagę, to prawo promieniowania Boga sprawiłoby, że ilość zapłodnień wśród jednego gatunku zwierząt, który nadmiernie się rozmnaża, automatycznie by zmalała. Wtedy po roku lub po kilku latach byłoby mniej młodych danego gatunku.

Bóg, Odwieczny, nie wkracza w ekologiczną równowagę poprzez zabijanie ani przez to, że niektóre gatunki zwierząt idą na łów i pożerają młode innych gatunków. Również i takie postępowanie zwierząt jest następstwem emanacji człowieka. Wiele zwierząt idzie na łowy tylko dlatego, że czynią tak ludzie. To nie zwierzę powinno być szczute, karane i zabijane, to człowiek musi zmienić swój sposób myślenia i skierować się na Prawo Boże; wtedy zmieni się też w pozytywnym kierunku świat zwierząt, roślin i minerałów; wtedy nie będzie już na ziemi żadnego zła, gdyż ludzie zaczną myśleć i żyć w sposób boski.

Na tym potężnym przełomie czasów każdy człowiek, wcześniej czy później, stanie przed decyzją: dla Chrystusa lub przeciwko Niemu.

Naszym hasłem nie jest więc: zmieniaj bliźniego i dalszego bliźniego, gdyż Prawo brzmi: zmieniaj siebie samego i dąż do życia pozytywnego, miłego Bogu. W miarę jak będziesz zmieniał się na pozytywne, odpadnie też obciążenie z częściowych dusz zwierząt, gdyż ty, człowieku, z Chrystusem, twoim Zbawicielem, oczyściłeś swoje obciążenia względem bliźniego – to, co było w tobie sprzeczne z Prawem.

Przez czystość dusz i jasność dusz częściowych formy zewnętrzne – struktury ciała ludzi, jak również zwierząt – staną się bardziej subtelne. Ludzie, którzy osiągnęli duchową szlachetność, których dusze są więc w znacznej mierze oczyszczone, żyją razem ze światem zwierząt, roślin i minerałów. Gdy ludzie coraz bardziej spełniają boskie prawa, to Bóg Stworzyciel, dzięki swojej sile miłości i życia, przeistacza stopniowo w formach zwierzęcych cechy nałożone im przez ludzi. Życie duchowych ludzi opromieniowuje wtedy cały świat przyrody i minerałów. Przy tym cała ziemia staje się czystsza, a jej promieniowanie intensywniejsze. Wszystko staje się bardziej świetliste i rozległe, gdyż ludzie zmieniają się w kierunku tego, co dobre. Są oni wtedy z Bogiem, swoim Ojcem, a zatem też ze wszystkimi formami życia.

Wtedy nastanie pokój i królestwo Boże na ziemi.

Prawo siewu i zbioru jest kołem ponownych wcieleń, w którym planety zapisały i zapisują to, co człowiek spowodował i powoduje. Poprzez prawo siewu i zbioru przychodzi też dzień próby, której nie uniknie żaden człowiek – ani zwierzchnicy kościelni, mężowie stanu, naukowcy, ani też zwykli ludzie. Każdemu będzie postawione pytanie: dla Boga czy przeciw Bogu?

Ta wielka fala oczyszczania wywołana przez prawo siewu i zbioru zapoczątkuje też tak zwane katastrofy żywiołowe, które są tylko następstwem ludzkich katastrof, następstwem zachowania, myślenia, mówienia i postępowania ludzi. Katastrofy te ogarną całą ludzkość, ponieważ większość ludzi zgrzeszyła wobec królestw przyrody i minerałów. Wszystko, co jest sprzeczne z Prawem, musi być zniesione i zmazane. Wtedy ustaną stopniowo męki, cierpienia i lęki zwierząt, hańbienie przyrody i wyzyskiwanie królestw minerałów, gdyż rzeźnicy, myśliwi i hańbiciele przyrody albo zawrócą, albo będą zabrani z tej ziemi.

Złodziej zakrada się nocą. Dlatego wiele zmieni się z dnia na dzień. Ziemia jeszcze krwawi, jeszcze jest wyzyskiwana; kamienie są miażdżone przez ciężkie maszyny, szlifowane i wciskane w formy, tak że tracą swój pierwotny kształt, z którego się rozwinęły. Zmiażdżone kamienie miesza się z materiałem budowlanym i łączy z elementami nośnymi z żelaza i stali, aby budować mosty, tunele i wieżowce. W wieżowcach może mieszkać wielu ludzi, gdyż wielka jest liczba dusz, które chcą się wciąż na nowo wcielać, aby jako ludzie skosztować tego, co jeszcze noszą w swoich duszach z poprzednich inkarnacji i co związuje je z ziemią: ambicji, żądzy władzy, chciwości, pragnienia ludzkiej miłości i wiele więcej.

Drodzy bracia i siostry na ziemi, uświadomcie sobie, jak byście się czuli, gdyby skuto was łańcuchami. Jak byście się czuli, gdybyście byli trzymani w więzieniu? Jak byście się czuli, gdyby was spiętrzano jeden na drugim, podobnie jak kamienie, z których buduje się ściany i stropy wieżowców i drapaczy chmur?

Człowiek myśli, że jest wolnym człowiekiem. Jeśli jednak spojrzy na swoje życie z punktu widzenia Prawa Bożego, to rozpozna, mówiąc w przenośni, że wielu ludzi jest spiętrzonych jeden na drugim i przywiązanych do siebie, i przez grzech przykutych łańcuchami, podobnie jak kamienie służące im jako materiały budowlane.

Różnica pomiędzy świadomością wcielonej i uwięzionej duszy a świadomością znieważonego kamienia polega na tym, że wcielona dusza, człowiek, sama sobie to ograniczenie nałożyła i nakłada przez grzech. Natomiast świadomość kamieni doświadcza przemocy.

Człowiek mówi o tak zwanych piętrach domu. Z perspektywy życia w Duchu Bożym, niebiańskiego bytu, piętra to komórki, które leżą jedna nad drugą i jedna obok drugiej i podobne są do klatek. W nich mieszkają ludzie i zwierzęta. Tę ciasnotę nazywa człowiek swoim domem. Ludzie żyją albo obok siebie, albo spiętrzeni jeden nad drugim, piętro nad piętrem, sami albo jako rodzina, w partnerstwie lub zespole kilku ludzi, czy to w zakładach, w miejscach pracy, czy w grupach zainteresowań. Wielu z nich zna siebie tylko z widzenia albo z nazwiska. W głębi wnętrza są jednak dla siebie obcy. Dla wielu bliźni jest „tym innym", na którego spogląda się z dystansem i w myślach bada się go. Z tymi „innymi" jest się na tyle w zgodzie, na ile oni podobnie myślą. Na wszystkich „innych", którzy mają odmienne cele i skłonności, spogląda się z nieufnością i wrogością.

Są oni poniżani, uważani za gorszych, lekceważeni, przydzielani do odpowiedniej kategorii lub w ogóle nie zwraca się na nich uwagi. Ten, kto ma wgląd w rodziny ludzkich braci i sióstr lub w różne grupy ludzi pracujących razem albo dążących do tych samych celów, rozpozna, że wielu używa miłych słów, ale w swoich myślach jeden jest wrogiem drugiego.

Ten, kto stworzył w sobie taki obraz wroga, uważa, że pod każdym względem jest najlepszy. Tacy ludzie myślą tylko o sobie samych, kochają też tylko siebie samych i dowartościowują tym swoje niskie, ludzkie ja. Kto widzi siebie w tym półmroku, który jest dla niego szczególnym blaskiem, nie zastanawia się nad prawem siewu i zbioru. On nie bierze więc pod uwagę, że to samo lub podobne mogłoby spotkać jego. On lekceważy sobie słowa prawdy, które mówią: nie czyń drugiemu, co tobie niemiłe.

Tym innym jest też dalszy bliźni, ponieważ rośliny i kamienie również odczuwają.

W tych komórkach, które ludzie nazywają mieszkaniami i które znajdują się na jednym z wielu pięter budynku, człowiek trzyma też zwierzęta.

Rozpoznajcie, że człowiek i dalszy bliźni potrzebują kontaktu z ziemią i z przyrodą, gdyż fizyczne ciało jest ciałem naturalnym, podporządkowanym

prawom przyrody. Poprzez te piętra są oni odłączeni
od ziemi. Z czasem tracą łączność z ziemią. Ten brak
kontaktu powoduje w człowieku i zwierzęciu otępie-
nie, ponurość i w wielu przypadkach niedbalstwo.
Na skutek tego wielu ludzi traci szacunek do siebie
samych, a już zupełnie nie postrzega siebie jako istoty boskiego pochodzenia. Ta obojętność i bierność
odbija się bardzo ujemnie na działalności człowieka
w miejscu pracy, którą prowadzi on po części w sposób mało skuteczny.

Człowiek zawikłany w świat swojego ja tylko we-
getuje. Zapomina też przy tym, żeby zadbać o siebie
i swoje własne potrzeby, a także o potrzeby zwierzęcia, które trzyma w swoim mieszkaniu. Zwierzę żyje
wtedy w takim samym otępieniu i w braku komunikacji jak człowiek. Przez takie letargiczne, sprzeczne
z Prawem postępowanie wielu ludzi nie tylko zapo-
mniało o życiu z bliźnim i dla niego, lecz wyrzuciło
też ze swojego wnętrza królestwa przyrody. Na skutek tego wielu ludzi, wiele zwierząt, roślin i minerałów stało się po prostu przedmiotami użytkowymi,
które są wykorzystywane i wyzyskiwane.

Powtarzam: Przez samolubstwo człowieka, które
jest egoizmem, pozytywna komunikacja ze współbraćmi coraz bardziej zanika.

Przez mieszkanie w wieżowcach, w drapaczach chmur, przez życie obok siebie, pod sobą i nad sobą człowiek odizolował się hermetycznie od drugiego człowieka i od przyrody. Wskutek tego zubożała komunikacja z życiem minerałów, roślin i zwierząt lub została częściowo przerwana, zależnie od poziomu świadomości człowieka. Przez egoizm wielu ludzi, przez myślenie w kategoriach „moje i mnie", powstała żądza władzy. Człowiek stał się władcą, który rości sobie prawo do panowania nad królestwami przyrody. Jednocześnie chce w okrutny sposób uczynić sobie ziemię poddaną. Takie postępowanie jest szatańskie, a nie boskie.

Kiedy istoty upadku opuściły raj wiecznego bytu i coraz bardziej się zagęszczały, Odwieczny przemówił do nich: „Czyńcie sobie ziemię poddaną". Powiedział to z prawa ofiarnej miłości.

Prawo ofiarnej miłości jest prawem służenia, prawem wzajemnego działania jeden dla drugiego, i wzajemnego darowania i przyjmowania. Odwieczny nie mówił o wyzyskiwaniu i brutalności wobec wszystkich i wszystkiego, co żyje na ziemi. To nieboskie, szatańskie postępowanie zostało zasugerowane ludziom przez szatańskie siły, które są przeciwne Bogu, życiu. Kto tego słucha i według tego postępuje, jest niewolnikiem grzechu i zwolennikiem ciemności.

Ten, kto jest przeciw Bogu i w taki sposób sprzedaje się siłom sprzecznym z Prawem, i podporządkowuje się im, będzie przez nie zasypywany pochlebstwami. Otrzyma odpowiednie dowartościowanie, aż człowiek, jego ja, stanie się uległy. Wtedy przeciwnik Boga będzie się nim posługiwał według swojej woli.

Nowy człowiek znajduje się w kosmicznej wiośnie, w której działa boskie Niech Się Stanie, gdyż coraz więcej ludzi rozpoznaje wielki czyn Syna Bożego i odczuwa wdzięczność do Odwiecznego za to, że On prowadzi ich przez Chrystusa, swojego Syna, przez posłańców światła i oświeconych ludzi i uczy ich, jak mogą teraz i w przyszłości odczuwać, myśleć, żyć i postępować, aby uchronić się przed wpływami ciemności. Do tego wszechobejmującego, zgodnego z Prawem życia należą też nasi bliźni i dalsi bliźni w świecie zwierząt, roślin i minerałów. Wszystkie formy życia są w Bogu, gdyż w Bogu jest wszelki byt.

Tak jak istoty duchowe są w ł ą c z n o ś c i z królestwami przyrody, podobnie też ludzie Nowego Czasu będą żyć w łączności ze zwierzętami, roślinami i minerałami. Będą oni siebie nawzajem rozumieć, gdyż będą mówić j e d n ą mową – mową ofiarnej miłości. To, co zapowiedzieli już prorocy Starego

Przymierza, staje się rzeczywistością. Z mroku tego materialistycznego świata wyłania się Nowy Czas, czas Chrystusa, Jego królestwo pokoju.

W królestwie pokoju Jezusa Chrystusa spełni się to, co Bóg zapowiedział już poprzez proroka Izajasza: wilk będzie leżał obok jagnięcia, a pantera obok koźlęcia. Cielę i lwica będą przyjaciółmi i będą spoczywać obok siebie, a dzieci będą się nimi opiekować. Krowa i niedźwiedzica zaprzyjaźnią się, gdyż w ich świadomości nie będzie już złych zamiarów. Nie będzie już wrogości, która została wszczepiona im przez ludzi. Ich dzieci również będą leżeć obok siebie, gdyż rodzice przekazali im pokój ludzi. Lew nie będzie rozrywać już swoich bliźnich, słabszych od siebie zwierząt, a nawet ludzi, ponieważ i ludzie nie będą pożądać już mięsa i nie będą chcieli go spożywać. Wszystkie zwierzęta będą odżywiać się trawą i sianem. Niemowlę będzie bawić się przed wejściem do siedliska żmii i wkładać swoją rączkę do gniazda węży. Ani żmija, ani wąż nie będą już wrogo ustosunkowane do ludzi, gdyż ludzie i zwierzęta staną się jednym od chwili, gdy nie będzie już w ludziach lęku ani zła, ani podstępu.

Ziemia będzie nieść wtedy życie z Boga i ci, którzy na niej będą żyć, będą w Bogu i z Bogiem będą zjednoczeni, gdyż będą spełniać prawa Boże. To wszystko i dużo więcej zostało już przepowiedziane. Bóg jest prawdą i Jego Słowo sprawdza się nawet wtedy, kiedy z ludzkiego punktu widzenia minęło już wiele lat, a nawet tysiącleci.

Człowiek w przemianie czasów będzie w komunikacji z królestwami przyrody, a zatem w łączności ze wszystkimi kosmicznymi poziomami świadomości.

Ten, kto spełnia wolę Bożą i dzięki temu osiąga duchowe wzrastanie, jest w przyjaznej i braterskiej łączności – w komunikacji – ze swoimi współbraćmi oraz z królestwami przyrody.

Przyjaciele i rodzeństwo nazywają siebie po imieniu, dotyczy to też dalszych bliźnich – zwierząt.

Wszystkie formy życia mają, jak słyszeliście, imiona, które odpowiadają stanowi ich świadomości. W czystym bycie wszystkie formy życia zwracają się do siebie po imieniu. Człowiek, który ma również imię i chce, aby nazywać go po imieniu, powinien też i swoim zwierzętom domowym nadawać imiona i zwracać się do nich po imieniu. Unikajcie, o ile jest to możliwe w waszym języku, mówienia po prostu o „zwierzęciu". Ten, kto nadał imię swojemu dalszemu bliźniemu, z którym wiedzie wspólne życie, powinien też tego imienia używać, a więc zwracać się po imieniu do swojego towarzysza życia.

Ludzie, którzy starają się osiągnąć duchowe wartości, będą się coraz bardziej uszlachetniać. Dzięki temu również i ich obyczaje staną się coraz bardziej subtelne. To uwidacznia się nie tylko w człowieku, ale również w jego otoczeniu. Nieociosane, grubiańskie zachowanie, cechujące jeszcze wielu skierowanych na ten świat ludzi, przemienia się w bardziej subtelne, szlachetne i ofiarne. Człowiek odczuwa głębiej i subtelniej, gdyż jego duchowa świadomość rozświetla się i rozpromienia. Staje się on też bardziej wrażliwy.

Człowiek o delikatnych odczuciach wybiera szlachetniejsze słowa, gdyż sam jest uszlachetniony. Odpowiednio do tego zachowuje się we wszystkich sytuacjach, a także wobec dalszych bliźnich, łącznie z roślinami i minerałami. Wewnętrzna szlachetność uwidacznia się we wszystkim, co wrażliwy człowiek robi. Nie będzie on już połykał bezmyślnie swojego pokarmu, gdyż nauczył się przyjmować posiłki z godnością. Dla niego dalszy bliźni nie będzie już żarł, lecz jadł.

Jeśli naprawdę nauczyłeś się przyjmować posiłki z godnością, nie po to tylko, aby wykazać się przed innymi i zapomnieć o tym, kiedy nikt ci się nie przygląda, to również twojego dalszego bliźniego nauczysz właściwego jedzenia. Jeśli z głębi wnętrza odczuwasz potrzebę jadania z czystego i ładnego talerza, który stoi na czystym i porządnie nakrytym stole, to będziesz też utrzymywał w czystości miskę dalszego bliźniego i stawiał ją w czystym i uporządkowanym miejscu.

Kiedy nie będziesz już zachłannie rzucał się na pokarm, aby ewentualnie dostać największy kęs, lecz będziesz spożywał swój posiłek spokojnie i świadomie, wtedy również twój dalszy bliźni przyzwyczai się do tego. Jeśli nie będziesz rzucał zwierzęciu kęsów, lecz postawisz mu jego pokarm i nie będziesz mu ponownie tego pokarmu zabierał, to zwierzę przyzwyczai się stopniowo jadać spokojnie, a nie zachłannie.

Jeśli zadbasz o to, aby miejsce twojego spoczynku było czyste i porządne, to jako duchowo rozbudzony człowiek będziesz też utrzymywał w czystości i w porządku miejsce spoczynku twojego dalszego bliźniego. Tak jak ty, dbający o porządek człowiek, wietrzysz swoje łóżko i swoją pościel, tak będziesz też postępował z posłaniem twojego dalszego bliźniego. Jeśli regularnie pierzesz swoją pościel i czyścisz swoje okrycia, to pomyślisz też o tym, że to samo spodobałoby się również twojemu dalszemu bliźniemu, i zrobisz to dla niego.

Tak jak ty masz łóżko, a więc miejsce do spania, tak powinieneś też przyzwyczaić dalszego bliźniego do jego miejsca. Zwierzę nie powinno spać bezpośrednio przy tobie, lecz w innym pomieszczeniu. Aby jednak nie czuło się oddzielone od innych domowników, możesz zostawić uchylone drzwi do pokoju. Tak jednak nie musi być, jeśli na przykład dwoje lub troje dalszych bliźnich jest razem i wspólnie odpoczywa lub śpi, gdyż z czasem nie powinno już być pojedynczych zwierząt w mieszkaniach i domach. Ważne dla zwierząt jest, aby miały wyjście na zewnątrz.

Porządny i czysty człowiek myje codziennie swoje ciało, czesze i układa swoje włosy. Pamiętaj o tym, że również twój dalszy bliźni, pies lub kot, którego masz w swoim domu, posiada owłosienie. Dalszy bliźni lubi, gdy się go szczotkuje, a psy lubią się od czasu do czasu kąpać. Tak jak ty potrzebujesz ruchu na świeżym powietrzu i tlenu, tak jest też z twoimi dalszymi bliźnimi. Również i oni lubią iść na spacer i poruszać się na świeżym powietrzu.

Duchowy człowiek wie, że cała nieskończoność polega na biegunowości. Dlatego i wy, drogie ludzkie rodzeństwo, lubicie towarzystwo i życzycie sobie mieć wokół siebie dobrych przyjaciół, rodzinę czy ludzi, z którymi możecie rozmawiać.

Pamiętaj o tym, że również twój dalszy bliźni pragnie utrzymywać komunikację z innymi zwierzętami swojego gatunku, gdyż i on ma w sobie tę biegunowość, którą promieniuje odpowiednio do poziomu swojej świadomości, i szuka komunikacji. Ponieważ wszystko polega na biegunowości, to i ty czujesz, że samotność nie odpowiada istocie człowieka. Ludzie, którzy przebywają w samotności i zdani są na siebie samych, często dziwaczeją, gdyż brak im komunikacji, wymiany odczuć i myśli.

Tak więc i ty nie chcesz mieszkać sam, pozbawiony rozmów z innymi, oddzielony od swoich współbraci; nie chcesz być wiecznie sam w swoim pokoju lub mieszkaniu czy w domu, bez łączności z bliźnim. Również twój dalszy bliźni, którego wziąłeś do siebie jako swojego współmieszkańca, nie chce żyć bez innego, sobie podobnego zwierzęcia. I ty, i on nosicie w sobie wieczne prawo miłości, biegunowość, która jest komunikacją.

Skoro wziąłeś zwicrzę do swojego domu, to powinieneś wiedzieć, że lubi ono komunikację z tobą, z człowiekiem, gdyż ty jesteś dla niego starszym bratem, starszą siostrą. Jednocześnie jednak szuka innych zwierząt i chciałoby się z nimi komunikować. Dlatego zastanów się, czy chciałbyś przestrzegać tych prawidłowości i wziąć do swojego domu dwa, trzy, a nawet więcej zwierząt zamiast jednego. Oczywiście musisz uwzględnić swoje możliwości. Twojemu dalszemu bliźniemu pomogłoby też w rozwinięciu komunikacji, gdyby jeden z twoich przyjaciół był gotowy wziąć go kilka razy w tygodniu do siebie, do swojego dalszego bliźniego, i na odwrót, tak aby te różne świadomości miały swoją komunikację. Dobrym pomysłem byłoby urządzenie „miejsca komunikacji dla dalszych bliźnich", gdzie znajdowałyby one podobną opiekę jak na przykład dzieci w przedszkolach.

W szystkie te impulsy mogą jednak zaowocować tylko wtedy, gdy ludzie się zmienią i rozwiną pozytywną komunikację ze swoimi współbraćmi i ze wszystkimi siłami życia.

W królestwie pokoju Jezusa Chrystusa dalsi bliźni, zwierzęta, będą przy ludziach. Nie będą należeć do pojedynczych ludzi. Nastanie jedność i wspólnota pomiędzy ludźmi i ich zwierzęcymi braćmi i siostrami.

Drogie ludzkie rodzeństwo, powtarzam istotny punkt widzenia. Pamiętaj o tym, że dalszy bliźni nosi w sobie świadomość jedności. Dlatego pragnie on być nie tylko razem z tobą, z człowiekiem, lecz także ze zwierzętami sobie podobnymi. Jeśli będzie miał u siebie brata lub siostrę, to nie będzie się już czuł samotny i zdany jedynie na człowieka. Kiedy zwierzęta są razem we dwoje lub we troje, to tęsknota za innymi zwierzętami nie jest już tak wielka, gdyż mogą pomiędzy sobą wymieniać odczucia swojej świadomości. Wtedy czują się też w tej wielkiej jedności, gdyż mogą komunikować się ze sobą. Z czasem doprowadzi to do tego, że stopniowo zaprzestaną obwąchiwania ścian domów, trawników, drzew, krzewów, kamieni i tym podobnych. Nie będą już musiały potwierdzać się i szukać, będą miały siebie nawzajem. Jedynie zwierzę, które czuje się samotne, szuka sobie podobnego. Pragnie zwrócić na siebie uwagę i z tego powodu wydziela i rozprzestrzenia swój zwierzęcy zapach lub też stara się wywęszyć zapach sobie podobnego. W tym celu obwąchuje ściany domów, trawniki, drzewa, krzewy i inne miejsca, służące mu jako drogowskazy.

Człowiek, który dba tylko o własne dobro, odgraniczył się. Stał się sam dla siebie swoim bliźnim. Jego brat jest „tym innym", którego obserwuje on tylko z zewnątrz. Taki człowiek stworzył sobie swoją parcelę, swój dom, swój kawałek ziemi, którego strzeże i broni. W najszerszym tego słowa znaczeniu takie postępowanie ludzi zostało też przejęte przez świat zwierząt. Psy, koty i inne formy życia wyznaczają swoje rewiry poprzez swój specyficzny zapach. W przenośni również i człowiek wyznacza swój rewir wibracją swojego ludzkiego ja, która tworzy jego zapach.

Gdyby na przykład koty miały już w poprzednich wcieleniach towarzyszy zabaw, a więc sobie podobnych, to łapałyby mniej myszy i ptaków, aby „bawić się" nimi w okrutny sposób i zadawać im cierpienie.

Postępowanie zwierząt, które żyją dziko, nie może być uważane za charakterystyczny miernik dla ich prawdziwej, pierwotnej istoty. Również sposoby postępowania zwierząt żyjących na wolności zależą od tego, co pobrały one w swoje częściowe dusze, a może nawet od aury kraju, od atmosferycznych obrazów, od magnesów myślowych, które działają jeszcze w kraju, w którym te zwierzęta żyją.

To, co człowiek nadaje, odbierają też zwierzęta. Skoro żadna energia nie zanika, to działa też to, czym ludzie emanują – nawet wtedy, gdy uwidacznia się to dopiero w następnych pokoleniach świata zwierzęcego.

Dlatego nie powinniśmy zakładać, że postępowanie dalszych bliźnich na wolności, w przyrodzie, jest wyrazem ich prawdziwego charakteru i odpowiada ich rasie i gatunkowi. Wiele z tego, co pozornie jest cechą danego gatunku lub rasy, zostało nałożone zwierzętom przez ludzi.

Postępowanie zwierząt dzikich i postępowanie zwierząt domowych czy gospodarskich jest często

bardzo podobne, gdyż dusze częściowe w zwierzętach żyjących obecnie dziko w przyrodzie mogły być
wcielone już niegdyś w zwierzęta domowe.

*Nadawanie i odbieranie
między człowiekiem a człowiekiem,
między człowiekiem
a dalszym bliźnim*

Tak jak człowiek sam siebie programuje swoim chceniem i swoimi życzeniami, tak też programuje on dalszych bliźnich – zwierzęta.

Programy są nadawane i odbierane. Każdy mózg jest stacją nadawczą i odbiorczą, również mózg dalszego bliźniego. Sprzeczne z Prawem programy wnikają w duszę człowieka oraz w częściowe dusze dalszych bliźnich. Różnica polega na tym, że człowiek obciąża się tym, natomiast dalszy bliźni jest zmieniany w swojej istocie. Dlatego zwierzęta tej samej rasy lub zwierzęta na tym samym poziomie rozwoju reagują często w różny sposób. Wiele zwierząt odbiera też na drodze telepatii.

Poprzez wasze techniczne urządzenia, na przykład przez radio i telewizję, wielu ludzi pobudzanych jest do myślenia. Ten, kto myśli – nadaje i odbiera. Jeśli na przykład ludzie oglądają filmy o zwierzętach lub słuchają przez radio rozmów o zwierzętach żyjących w dalekich krajach albo też dowiadują się o nich czegoś z książek, to również zaczynają myśleć, a więc nadawać. Z tego wynika, że będą znowu odbierać.

Każda myśl jest elementem obrazu lub zawiera już cały obraz, w zależności od tego, co było pomyślane. Te obrazy myślowe lub ich części nadawane są wtedy drogą telepatii do zwierząt, o których człowiek słyszał, czytał lub które widział na ekranie telewizyjnym. W ten sposób ludzie wpływają telepatycznie na zwierzęta i pobudzają w ich duszach częściowych to, co tam ewentualnie jest zakodowane z poprzednich inkarnacji. Komórki mózgowe zwierząt pobierają wtedy, a więc odbierają, to, co zostało w nich uaktywnione. Skutkiem tego jest, że zwierzęta te nadają znowu to, co w nich zostało uaktywnione.

To, co dotyczy komunikacji z bliźnim, a więc zasada nadawania i odbierania, dotyczy, w przenośnym sensie, świata zwierząt, a w najszerszym tego słowa znaczeniu – również świata roślin i minerałów.

Boska zasada nadawania i odbierania dotyczy w czystym bycie istot duchowych i czystych królestw przyrody. Przetransformowana na niższy poziom zasada nadawania i odbierania w materii, w grubomaterialnym świecie ludzkiego ja, w tym, co nieczyste, dotyczy odpowiednio dusz, ludzi oraz upodlonych przez człowieka królestw zwierząt, roślin i minerałów.

Osobiste nadawanie jest ludzkim nadawaniem. To jest telepatia.

Bezosobowe nadawanie jest komunikacją z czystymi siłami.

Człowiek, który ze swoim własnym zwierzęciem lub z innym dalszym bliźnim jest w kontakcie przez telepatię lub też przez duchową komunikację, wypromieniowuje to, co sam sobie zakodował. Dalszy bliźni jest w stanie to wywęszyć. Jednocześnie tworzą się w jego mózgu odpowiednie obrazy – to lub coś podobnego do tego, co człowiek wypromieniowuje i co zostało przedtem przez niego zakodowane w dalszym bliźnim. Odpowiednio do tych obrazów zwierzę potem reaguje.

Jeśli dalszy bliźni trafił w obce miejsce, oddalone od jego opiekuna lub miejsca zamieszkania, to może być tak, że nawiąże się poprzez myśli komunikacja pomiędzy dalszym bliźnim a jego opiekunem. Dzięki temu, że opiekun lub opiekunka myśli o swoim zwierzęcym rodzeństwie i poprzez telepatię nawiązuje z nim kontakt, w zwierzęciu uaktywniają się wibracje, które zwierzę zakodowało w swoim mózgu w postaci obrazu, który jednocześnie ma w sobie jako cel zapach człowieka, jego kolor i miejsce zamieszkania. Wtedy na przykład zagubiony pies udaje się w drogę i podąża za tą wibracją, która w jego mózgu wywołała ten obraz i zapach. W ten sposób znajduje on znowu swoje ziemskie miejsce zamieszkania i swojego opiekuna lub opiekunkę. Warunkiem tego jest jednak to, że istnieją już w mózgu zwierzęcia odpowiednie programy, które zostały zakodowane przez opiekunów i które potem poprzez telepatię mogą być w zwierzęciu pobudzone.

To, co przebiega tutaj na płaszczyźnie pozytywnej, ofiarnej, może przebiegać też w zakresie negatywnym – na skutek przetransformowanej na niższy poziom zasady nadawania i odbierania, którą można też opisać jako „pobudzanie i działanie".

Tą przetransformowaną na niższy poziom zasadą nadawania i odbierania człowiek działa po pierwsze na swoich współbraci, którzy mają odpowiedni odbiornik, a po drugie też na zwierzęta, które zostały przez ludzi odpowiednio zaprogramowane. W najszerszym tego słowa znaczeniu dotyczy to też świata roślin i minerałów, które przez setki lat były przez człowieka dręczone i na skutek tego zostały otoczone negatywnymi energiami ludzkich myśli, słów i czynów. Królestwa roślin i minerałów promieniują więc tym, co pozytywne, boskimi siłami, jak również tym, co negatywne, co boskie siły zasłania.

Na ziemi wszystko zmieni się na pozytywne, na zgodne z Prawem, dopiero wtedy, gdy człowiek zmieni się na pozytywne, gdy ukierunkuje on swój nadajnik na Boga, na wszechsiłę, na wieczne Prawo. Człowiek, który rozwinął już dar rozróżniania pomiędzy dobrem a złem, jest współodpowiedzialny za to, co dzieje się na świecie. Dlatego, drodzy bracia i siostry w szacie ludzkiej, rozważcie: to, co odczuwacie, myślicie, mówicie, jest nadawaniem i to samo lub podobne znowu odbierzecie.

Nie zawsze na planie ludzkim udaje się nadawanie i odbieranie, czy to pomiędzy ludźmi, czy pomiędzy człowiekiem i dalszym bliźnim lub na odwrót. U dalszego bliźniego jest podobnie jak u człowieka. Wszystko zależy od tego, co człowiek zapisał w swojej duszy w poprzednich inkarnacjach. Podobnie jest u dalszego bliźniego, u zwierzęcia. Zwierzę promieniuje tym, co w poprzednich inkarnacjach lub w tym wcieleniu zostało w nim przez ludzi zaprogramowane.

To samo prawo obowiązuje zarówno człowieka, jak i zwierzę – podobne przyciąga podobne. Te same i podobne wibracje stale przyciągają się nawzajem i tworzą sieć komunikacji. Różniące się od siebie wibracje podejmują komunikację tylko w pojedynczych punktach lub też nie mają sobie nic do powiedzenia. Jeśli spotykają się różniące się od siebie poziomy wibracji, to człowiek nie rozumie bliźniego; zwierzę nie rozumie człowieka i człowiek nie rozumie zwierzęcia. Nie mają zatem pomiędzy sobą świadomej komunikacji, mimo że boska zasada nadawania i odbierania zawsze w nich działa.

Boska zasada nadawania i odbierania wiecznie nadaje siedem sił podstawowych we wszechświat. Ludzie i zwierzęta mają jednak świadomie dostęp do tego boskiego wszechnadajnika tylko wtedy, gdy człowiek żyje w swoim wnętrzu, a zwierzę nie zostało wypaczone przez człowieka.

Kiedy człowiek rozbudzi się do duchowości, to rozpozna, że tak jak on traktuje swoich współbraci i zwierzęta oraz świat roślin i minerałów, tak sam będzie traktowany, ponieważ wszystko nadaje i wszystko, co zostało nadane, działa dalej; jest zapisane i – zgodnie z kauzalną zasadą – spada z powrotem na tego, który nadaje.

Obraz węchowy
Komunikacja pomiędzy człowiekiem
a jego rodzeństwem – zwierzętami

Dalszy bliźni, odpowiednio do stanu swojej duchowej świadomości, wypromieniowuje to, co szlachetne, subtelne i dobre. Chce on dotrzymywać wierności i utrzymywać łączność z człowiekiem i z siłami kosmosu.

Tak jak człowiek zachowuje się wobec swoich współbraci, podobnie zachowuje się w stosunku do dalszych bliźnich i całej przyrody.

Dalszy bliźni doznaje ciebie – człowieka. On widzi, słyszy i obwąchuje ciebie i w ten sposób pobiera całościowe wrażenie, które składa się z twoich odczuć, myśli, słów i czynów. Całościowe wrażenie jest tak zwanym obrazem węchowym, który dalszy bliźni zachowuje i wciąż na nowo rozbudowuje, kiedy spotyka cię ponownie.

Co do dalszych bliźnich, którzy prowadzeni są przez siłę stworzycielską poprzez kolektywy, którzy więc nie mają jeszcze zespołu cząsteczek, nie mają jeszcze duszy częściowej, należy zrobić małe zastrzeżenie: Te formy życia nie posiadają jeszcze takiego wrażliwego, subtelnego i wyraźnego odczucia jak dziecko stworzenia z rozwiniętą już duszą zwierzęcia. Mimo to czują i wyczuwają emanację człowieka i jego zamiary, chociaż nie odbierają tego jeszcze we wszystkich szczegółach.

Dalszy bliźni, który żyje jeszcze w zespole kolektywu, jest bardziej skierowany do swojego wnętrza. Nie ma on jeszcze bezpośredniego stosunku do człowieka, do jego reakcji i do jego postępowania. Orientuje się wprawdzie według duchowej emanacji człowieka, jednak na zewnątrz jeszcze wcale nie reaguje lub reaguje tylko w pewnym zakresie. Bardziej rozwinięte dusze częściowe, o wyższych stopniach świadomości, odbierają natomiast bardzo wrażliwie odczucia i myśli człowieka oraz jego zamiary.

Drogie rodzeństwo w szacie ziemskiej, formy życia znajdujące się w procesie ewolucji mają w odwiecznym bycie duchowe ciała, natomiast w ziemskim bycie są one, tak jak ludzie, otoczone grubomaterialnym ciałem. Ludzie mogą manipulować tym ciałem poprzez siły swoich myśli oraz poprzez geny. Jak już czytaliście, bardziej rozwinięte duchowe formy życia nazywam – w celu lepszego zrozumienia przez moje ludzkie rodzeństwo – duszami częściowymi.

Ponieważ w dalszym bliźnim z duszą częściową coraz bardziej rozwijają się podstawowe siły Woli lub Mądrości, to reaguje on – w zależności od świadomości i podświadomości – bezpośrednio lub pośrednio na otoczenie oraz na człowieka. Im większy jest zespół cząsteczek duszy częściowej, to znaczy duchowe ciało, tym wyższy jest poziom świadomości zwierzęcia i tym większy jest wachlarz jego możliwości komunikacyjnych, i tym dalej sięga światło jego świadomości.

Te dusze częściowe są już świadomie w komunikacji z istotami duchowymi i odpowiednio do tego chcą też podjąć łączność z ludźmi, ze swoimi dojrzałymi duchowo braćmi i siostrami.

Jeśli ludzie – starsi bracia i starsze siostry – podchodzą do dojrzewającego jeszcze rodzeństwa z wielką wyrozumiałością i życzliwością, to również ci dalsi bliźni odpowiednio podchodzą do ludzi, których poważają jako swoich starszych, już w pełni dojrzałych współbraci.

Wyczuwają w pozytywnych, życzliwie do nich nastawionych dojrzałych ludziach mądrość Boga Stworzyciela i służą im odpowiednio do swojego stanu świadomości. Wtedy ludzie i zwierzęta stają się przyjaciółmi, którzy rozumieją się mimo różnych stopni swojej świadomości. Mogą oni polegać jeden na drugim i nie są osamotnieni; mają między sobą pozytywną komunikację. Nawet kiedy na zewnątrz są rozłączeni na całe godziny czy dni, to odczuwają wzajemną przynależność. To poczucie łączności przekazuje, szczególnie człowiekowi, wszechobejmującą jedność wszelkiego bytu w Bogu.

Dalsi bliźni są w stanie wyczuć i wywąchać z dźwięku słów, w jakim nastroju znajduje się chwilowo ich starszy brat lub starsza siostra. Odpowiednio do tego reagują. Są bardzo wrażliwi na dysharmonię, uczucia, skłonności i na nawyki człowieka.

Człowiek staje się dobrym obserwatorem swojego dalszego bliźniego wtedy, gdy żyje, nie kierując się na siebie samego, lecz we wszystkim poważa życie w Bogu. Tacy ludzie wyczuwają we wszystkich formach życia wewnętrzne życie, iskrę stworzenia, Boga – bez względu na to, jak uwidaczniają się one na ziemi. Coraz bardziej szanują i cenią wszelki byt. Są prawdziwymi badaczami, którzy we wszystkich szczegółach pojmują odruchy i ruchy dalszych bliźnich oraz świata roślin i stopniowo przyswajają sobie mowę dalszych bliźnich i roślin, jak również mowę kamieni. Przez wczuwanie się w każdą formę życia buduje się w człowieku kosmiczna komunikacja – mowa wszechświata.

Dalszy bliźni z dalece rozwiniętą duszą częściową posiada dobry dar rozróżniania. Może on też nauczyć się mowy ludzkiej i obserwować odruchy człowieka. Z dźwięku głosu, z doboru słów, ze sposobu ich wypowiadania – czy to z akcentem twardym, łagodnym czy smutnym, bojaźliwym czy ufnym, bezinteresownym czy egoistycznym – wyczuwa on, w jakim stanie znajduje się człowiek: czy jest zrównoważony czy chwiejny, czy w swojej istocie zdolny jest do wczuwania się, czy jest stabilny czy też nieobliczalny. To, co zwierzęta słyszą i widzą, mogą jednocześnie wywąchać. Wywąchują zapach słów, a także myśli. Tak jak człowiek odczuwa, myśli, mówi i postępuje, taki też wydaje zapach. Nawet dźwięki przekazują zapachy.

Zwierzę atakuje
– przyczyna leży w człowieku

eśli u człowieka dochodzi do skutku jakaś przyczyna, to dalszy bliźni może to wywąchać, zanim jeszcze człowiek to zauważy. Odpowiednio do tego dalszy bliźni też się zachowuje. Albo daje sygnały, które dotychczas były jego istocie obce, albo też atakuje człowieka, jeśli na przykład ten w poprzednich wcieleniach lub w tym ziemskim bycie maltretował to zwierzę.

Może się wtedy stać następująca rzecz: Dalszy bliźni był dotychczas zawsze dobrym przyjacielem, nagle zmienia swoje postępowanie i wydaje się człowiekowi nieobliczalny. Człowiek nieświadomy bije wtedy i karze zwierzę. W rzeczywistości dalszy bliźni ze skutków, które spotykają człowieka, wywąchał to, co dotyczy jego samego – to, co zaszło pomiędzy człowickiem a dalszym bliźnim w jednym z poprzednich wcieleń człowieka lub w tym ziemskim bycie.

Jeśli człowiek swojemu dalszemu bliźniemu daje tylko rozkazy, to ten stanie się mechanicznym odbiorcą rozkazów. Wtedy nie ma on wcale możliwości rozwinięcia komunikacji ze swoim starszym bratem lub swoją starszą siostrą. Na skutek tego dalszy bliźni wewnętrznie wycofuje się – nawet wtedy, gdy jako zwierzę spełnia to, co człowiek mu narzuca. Z biegiem czasu wynikają spięcia z powodu tych niezrównoważonych układów pomiędzy człowiekiem a zwierzęciem.

Jeśli dalszy bliźni nie może żyć według swoich wrodzonych cech, to powstają w nim rozbieżności, które spiętrzają się w duszy częściowej zwierzęcia i mogą się w pewnym momencie wyładować – wtedy, gdy ludzie, odnosząc się do niego agresywnie, doprowadzają do tego, że ogarnia go strach lub gdy wywierają na niego nacisk. Jeśli ta blokada pozostaje w częściowej duszy, to w kolejnym wcieleniu może nastąpić to, co wcześniej nadmieniłam – zwierzę nagle atakuje.

Ten, kto pielęgnuje swoje ludzkie, niskie ja, uważa, że każdy musi być mu posłuszny. Tacy ludzie są wypaczeni i wypaczają też dalszych bliźnich, co blokuje komunikację pomiędzy człowiekiem i zwierzęciem.

Ten, kto dalszego bliźniego zmusza do czegoś wbrew jego woli, na przykład do ścigania i zabijania innych zwierząt, lub też zakłada zwierzętom łańcuchy, postępuje wbrew prawu przyrody. Na niego spada to, co sam spowodował. Takie i podobne wzory postępowania zakodowane są zarówno w materialnych gwiazdach, jak i w kronice atmosferycznej.

Wypaczone cechy dalszych bliźnich wywołują z nich wtedy takie same lub podobne siły. Wskutek tego powstaje błędne koło, które wciąż na nowo wywołuje sprzeczne cechy i wypaczenia. Te siły, które wciąż promieniują na człowieka i na zwierzę, sprawiają, że na przykład wiele zwierząt w domach i zagrodach, jak również zwierzęta lasów, pól i wielkich stepów tej ziemi oraz stworzenia latające stały się w przyrodzie drapieżnikami i grabieżcami.

Kolejne moje pytania powinny pobudzić was do zastanowienia się nad sobą:

Jaka jest przyczyna tego, że zwierzę mieszka z wami? Miejmy nadzieję, że nie dla rozrywki czy dla zabawy lub może nawet do polowania, aby ścigało i zabijało inne zwierzęta pól i lasów! Ten, kto w tym celu trzyma zwierzęta, sam jest przetrzymywany i popędzany. Wtedy taki człowiek na różne sposoby wyładowuje swoje agresje i niezadowolenie, na przykład na polowaniu, gdy jako myśliwy ze swoim wyszkolonym do polowania psem ściga inne zwierzęta, strzela do nich, a potem, odurzony myśliwskim sukcesem, zabiera upolowane zwierzę do domu lub sprzedaje je rzeźnikowi. Z zabitego zwierzęcia, z jego trupa, wykrawa się kawałki, aby myśliwy i jemu podobni, którzy również polują na zwierzęta lub popierają ich zabijanie, mogli spożyć krwawą ucztę.

Żądza spożywania mięsa pobudzana i wzmagana jest też w tych ludziach, którzy ścigają swoich współbraci negatywnymi myślami, słowami i czynami, oczerniają ich, potępiają i ciągają po sądach na „rzeź". Tacy ludzie uznają tylko siebie samych. Nie mają oni wewnętrznej komunikacji ani ze swoimi współbraćmi, ani ze swoimi dalszymi bliźnimi – zwierzętami. Dla samolubnego człowieka wartościowy i godny uznania jest jedynie ten człowiek, który myśli i żyje podobnie jak on sam. Tego, kto nie chce dąć w tę samą trąbę ludzkiego ja, samolubny, egoistyczny człowiek nie obdarza swoją uwagą, a więc również nie zważa on na dalszych bliźnich, na zwierzęta, które w oczach egoisty są mniej warte.

Drogie ludzkie rodzeństwo, wy, którzy duchowo jesteście już rozbudzeni i coraz bardziej odwracacie się od tej szatańskiej nagonki, dziękujcie z całego serca Bogu, naszemu Ojcu, i Chrystusowi, Zbawicielowi wszystkich dusz i ludzi, że coraz więcej ludzi – przez Ich niestrudzone działanie – znajduje drogę do samorozpoznania, zawraca i dąży do życia w Bogu, które sprzyja bliźniemu, dalszemu bliźniemu i całej przyrodzie.

Jak jest w niebie, podobnie ma stać się też i na ziemi. Jeśli ludzie będą połączeni ze sobą w ofiarnej miłości, to zmienią się także zwierzęta i znowu będą spełniać to, co je naprawdę cechuje – wzajemną ofiarną miłość. Wtedy nastąpi to, co Odwieczny objawił już przez Izajasza: człowiek i zwierzę staną się przyjaciółmi.

Wielu ludzi uważa, że pies i kot ani nie zgadzają się ze sobą, ani nie kochają się, gdyż zbyt różnią się od siebie. Mimo że pies i kot promieniują różnymi poziomami świadomości, to jednak w obydwu zawarte są skłonności do jedności i do życia we wspólnocie. W wielu przypadkach pies i kot nie lubią się dlatego, że albo w poprzednich inkarnacjach, albo w tej formie bytu były lub są związane z jedną osobą i dlatego kierowały się na ludzi i ich cechy. Jeśli człowiek z człowiekiem żyje w dysharmonii, to powstaje między tymi ludźmi negatywne pole energii – napięcie, walka, która toczy się w myślach lub słowach. To ludzkie napięcie odbierane jest przez dalszych bliźnich, zwierzęta, które potem reagują podobnie jak ludzie. Z tego powstaje walka rywali. Każdy chciałby mieć dla siebie swoje królestwo i swoją określoną osobę. To dotyczy zarówno różnych ras, jak i zwierząt tego samego gatunku.

Ludzie, którzy dążą do Wszech-Jedności, do Boga, do wewnętrznego życia, czują, że nieskończoność mieszka w nich jako siła i światło. Oni coraz mniej myślą o sobie i nie pielęgnują już swojego małego, ograniczonego ja, osobistego „mnie" i „moje". Oni stają się bezosobowi, to znaczy wszechświadomi.

Jeśli człowiek zaczyna wzniośle myśleć, to również i jego dalszy bliźni, pies lub kot, będzie odczuwał podobnie, ponieważ i w nim jest też ta wielka siła, Bóg, odczucie wszechświadomości. Ten, kto chciałby zrozumieć dalszych bliźnich, zwierzęta, musi najpierw starać się o to, aby zrozumieć swoich współbraci i okazywać im ofiarną, pełną wyrozumiałości miłość. Dalszy bliźni, który nie ma większych obciążeń, z gotowością okazuje swoim ludzkim braciom i siostrom ofiarną miłość, gdyż i jego życie polega na dawaniu i przyjmowaniu. Zwierzę, dalszy bliźni, nie może się obciążać. Ono zostaje obciążone przez człowieka.

Tak jak dusze ludzi, tak i zwierzęta na ziemi znajdują się w materialnej powłoce. Człowiek i zwierzę mogą poruszać się na ziemi swobodnie tylko na tyle, na ile dopuszcza to świat technicznych wynalazków człowieka. Przypominam tu o pojazdach, autostradach, zablokowanych ulicach i o innych ograniczeniach spowodowanych przez „moje" i „mnie", jak płoty, mury i inne. Te ograniczenia mają wpływ przede wszystkim na zwierzęta domowe, na przykład na psy, którym z tego powodu zakłada się obroże i które prowadzone są na smyczy.

Ptaki różnych gatunków, jak na przykład papużki faliste, papugi i inne egzotyczne ptaki, trzyma się w klatkach, aby nie odfrunęły, gdyż sprowadzono je z dalekich krajów, z innego klimatu niż ten, w którym zmuszone są żyć, a który nie byłby dla nich odpowiedni, gdyby pozostały na wolności.

Poza tym mają one ozdabiać mieszkanie, obojętnie czy jest ono małe, czy duże. Gdyby te ptaki fruwały swobodnie w pomieszczeniach, to człowiek musiałby znosić wiele brudu i nieporządku. O to, czy stworzenie dobrze znosi ciepłe, suche powietrze, w jakim przebywają ludzie, nikt nie pyta. Ludzkie motto brzmi: „Dostosuj się i sprawiaj mi radość".

Chomikom, które siedzą w klatkach, aby były w ruchu, daje się kółko, w którym mogą się poruszać i ulegać złudzeniu, że przebiegły już kawał drogi. Oto jest człowiek i jego motto. Ale o to, czy zwierzęta w wyniku tego nie tracą swojego zmysłu orientacji, nie pyta nikt.

Króliki również zamyka się w klatkach dla uciechy człowieka. Na tak zwane święta Bożego Narodzenia lub Wielkiejnocy ci bliscy przyjaciele są zarzynani i zjadani. Oto motto człowieka: „Jesteś na moich usługach i dla zaspokojenia moich zachcianek według mojego widzimisię i apetytu".

Sarenki trzymane są w zagrodach. Wiedzie im się podobnie jak zwierzętom trzymanym w stajniach i oborach, na polach czy w zagajnikach. Oto znów motto człowieka: „To, co nadaje się do zjedzenia, będzie zarżnięte".

Ryby trzyma się w mieszkaniach i w ogrodach dla ozdoby i dla uciechy ludzi. W waszych hotelach i restauracjach ryby trzyma się w basenach i gość może wybrać tę, na którą ma ochotę, po czym rybę zabija się i przyrządza do zjedzenia. Niewielu ludzi zastanawia się, dlaczego ryby te pływają wciąż na skraju basenu lub wzdłuż szklanej ściany. Złote rybki lub pstrągi ulegają złudzeniu z powodu odbicia w szybie akwarium. Myślą one, że woda w tym małym stawku lub akwarium, w którym żyją, rozpływa się dalej, na głębsze wody, gdzie znajdą pożywienie potrzebne im do rozbudowy ciała, które wymaga codziennie innych substancji, a nie tego, czym człowiek je karmi, nazywając to pożywieniem dla ryb.

Wszystkie zwierzęta, podobnie jak ludzie, żyją w rytmie dnia i nocy, przy czym każdy dzień i każda noc ma inne rytmy, zależnie od konstelacji gwiazd i zależnie od tego, czym one promieniują na ziemię, na ludzi, na zwierzęta, rośliny i minerały. Dlatego zarówno ludzie, jak i zwierzęta potrzebują każdego dnia takiego pożywienia, do którego przez nerwy smakowe i narządy zmysłów pobudzają ich te rytmy danego dnia. Dotyczy to szczególnie ludzi i zwierząt, a patrząc szerzej, również roślin, gdyż i rośliny mają każdego dnia inny rytm.

Zgodnie z prawem: „podobne przyciąga podobne" człowiek pobudzany jest, poprzez nerwy smakowe i narządy zmysłów, do przyjmowania pożywienia zawierającego określone substancje. Jego nerwy smakowe i narządy zmysłów podejmują komunikację z tymi roślinami i warzywami, których dzisiaj potrzebuje jego ciało i które promieniują podobnymi rytmami jak w dniu dzisiejszym ten człowiek.

Dlatego mamy powiedziane: Nie troszcz się o jutro. Żyj świadomie dzisiaj i nie martw się o dzień jutrzejszy. Wtedy dzisiaj będziesz wprowadzony w dzień jutrzejszy i jednocześnie odczujesz to, co powinieneś jutro myśleć, mówić, czynić i spożywać. Nie oznacza to, że człowiek nie powinien robić planów na kolejne dni i tygodnie. Planowanie oznacza prowadzenie. Ten, kto sam nie trzyma się kurczowo swojego planu, lecz żyje świadomie i pozwala, aby plan go prowadził, zrobi to, co dzisiaj jest ważne. Ten, kto uprawia swoje pole dla jutra, jutro też zbierze ze swojego pola te rośliny i warzywa, które dzisiaj na niego promieniują zgodnie z jego własnym promieniowaniem.

Człowiek przenosi swoje własne ograniczenie, swój własny sposób myślenia i swoje zachcianki na cały świat zwierząt.

Wszystkie zwierzęta, obojętnie jaki jest ich stan świadomości, są w Bogu Stworzycielu, w Jego prawie ewolucyjnym, i w Nim mają swój byt.

Powtarzam: Kto wykracza przeciwko zwierzętom, roślinom, minerałom i kamieniom, ten wykracza jednocześnie przeciwko sobie samemu. Jego duchowe ciało jest ukształtowanym wszechświatem: do niego należy też duchowa esencja zwierząt, roślin, minerałów i kamieni.

Ten, kto wykracza przeciwko formom życia, ściąga na siebie te same cierpienia, gdyż grzeszy wobec życia, a tym samym wobec siebie samego.

Wieczne Prawo mówi: Kto poważa swojego bliźniego, swoich współbraci i królestwa przyrody, ten żyje z siłami przyrody, gdyż świadomie je przyjął i zaakceptował. Jedynie dzięki temu osiągnie on jako człowiek i dusza doskonałość. Życie bowiem jest wielką całością, jednością w Bogu. Skoro wszystko jest we wszystkim zawarte, to duszy człowieka i człowiekowi przykazane jest znowu rozwinąć w sobie to, co boskie, to, co jest we wszystkim.

*To, co jest sprzeczne z Prawem,
wnika w duszę częściową zwierzęcia
jako wspomnienie, a w duszę człowieka
tyrana jako obciążenie
Przyczyny powodują skutki*

Drodzy bracia i siostry, ten, kto zdecydował się na wewnętrzne życie, na Boga, jest życzliwy dla swojego bliźniego i dla swojego dalszego bliźniego. Czytaliście, że formy życia doznają swojego otoczenia i wszystkiego, co je spotyka, odpowiednio do stanu swojej świadomości. One potrafią wywęszyć i wyczuć z zachowania człowieka jego zamiary, a także znaczenie strzelb, noży, sztyletów, skalpeli i tym podobne. Nawet kiedy człowiek na zewnątrz zachowuje się tak, jakby zwierzętom nie chciał nic złego zrobić, to zwierzęta potrafią jednak wywęszyć myśli człowieka, gdyż i te mają swój zapach.

W zależności od tego, co promieniuje na dalszych bliźnich, tak zachowują się oni i będą się zachowywać w przyszłości. spotykacie dalszego bliźniego lub odwiedzacie go w stajni czy oborze, to pamiętajcie, że i on ma oczy, którymi patrzy, i uszy, którymi słyszy, i usta, którymi mówi. Nawet wtedy, gdy zdaniem człowieka mowa zwierząt składa się tylko z dźwięków niezrozumiałych dla większości ludzi, to jednak dają one wyraz temu, co zwierzęta wywąchują i wyczuwają. Wiele głosów zwierząt posiada tak subtelne częstotliwości, że ludzkie ucho nie może ich odebrać. Człowiek uważa formy życia królestw zwierząt, roślin i minerałów za nieme, a jednak całe stworzenie przemawia. Ten, kto ma serce dla dalszego bliźniego, rozumie mowę jego ciała, jego gesty, które są o wiele bardziej wymowne i bezpośrednie aniżeli mowa składająca się z dźwięków.

Każde zwierzę – nawet najbardziej niepozorne – posiada narządy zmysłów i doznawania, którymi odbiera swoje środowisko, a także swoje ludzkie rodzeństwo. Narządy zmysłów i doznawania są u wielu zwierząt stępione, szczególnie u zwierząt trzymanych w domach i na podwórkach, gdyż wielu ludzi wyżywa na nich swoje agresje. Na skutek tego zwierzęta podchodzą do człowieka z niechęcią i obawą.

Kto pragnie żyć ze zwierzętami, musi najpierw żyć w pokoju ze swoimi współbraćmi i być w znacznym stopniu zrównoważony – zarówno w swoim wnętrzu, jak i na zewnątrz. Kto chce odczuć i rozpoznać świat zwierząt, roślin i minerałów, musi najpierw rozpoznać siebie samego, usunąć i oczyścić to, co jest w nim nieboskie. Dopiero wtedy będzie mu dane prawdziwe wejrzenie i przez to wgląd w życie wszystkich form życia oraz wewnętrzne odczuwanie całej przyrody.

To nie dalszy bliźni, zwierzę, musi się zmienić, lecz w pierwszym rzędzie człowiek, który zmienił i wypaczył dalszego bliźniego, zwierzę. Pozytywną komunikację ze swoimi współbraćmi, ze zwierzętami, może zbudować jedynie ten człowiek, który przez samorozpoznanie i oczyszczenie tego, co jest w nim sprzeczne z Prawem, na tyle się uszlachetnił, że w każdej sytuacji może rozpoznać najpierw siebie samego.

Każdy człowiek chciałby być brany na serio.

Dla człowieka jest to oczywiste, że jego współbracia zwracają się do niego, gdy mają do niego prośbę, gdy chcą go zaprosić lub gdy chcą być obecni przy jakiejś rozmowie. Mówicie: „To jest oczywiste, że najpierw pytam moich współbraci i proszę, a nie po prostu łapię ich za rękaw i ciągnę za sobą, gdyż tego, czego nie chcę, by mnie czyniono, nie czynię też bliźniemu". Co powiedziałby człowiek, który bez uprzedzenia zostałby złapany przez drugiego i po prostu pociągnięty lub też bez słowa albo słowem „chodź!" gwałtownie wyrwany ze snu i gdzieś powleczony? Niejeden powiedziałby wtedy: „barbarzyńca!", co znaczy: ty nieociosany, okrutny, niekulturalny, brutalny człowieku!

Już ta wypowiedź mówi, co przebiega w człowieku, którego bliźni tak lub podobnie traktuje.

A jak traktuje się dalszych bliźnich? Człowiek-pan potrąca dalszego bliźniego, na przykład psa, nogą i krzyczy: „Chodź!". Dokąd – tego człowiek-pan nie musi oznajmiać stworzeniu, które uważa za niższe. Ono musi być mu posłuszne i słuchać jego rozkazów. Niechętne i pozornie nieme zwierzę, dalszy bliźni, wlecze się za człowiekiem. Ewentualnie bierze się go jeszcze na smycz i ciągnie za sobą – ale dokąd?

Tego, co chce „barbarzyńca", zwierzę nie może już wywąchać – dlatego że albo już jest otępiałe, albo tak zaprogramowane przez człowieka, że już tylko na ślepo i z trwogą słucha rozkazów tyrana.

To samo dotyczy domowych kotów. Wyrywane są ze snu, kiedy człowiek chce je pogłaskać, albo spychane są z krzesła, na którym leżą i śpią.

Ptak w klatce budzony jest dźwiękami, na przykład przez gwizdanie lub słowa, lub po prostu tak, jak człowiek tego sobie życzy.

Chomikowi też się przeszkadza – bo człowiek tak chce.

Żółwia się podnosi i kładzie na innym miejscu, w które on wcale pójść nie chciał – tylko dlatego, że człowiekowi tak się podoba.

Królika wyjmuje się z klatki i nosi na ręku. O to, czy on tego chce, czy nie, czy chciałby pobierać nasze chwilowe wibracje, człowiek nie pyta. Zwierzę ma być posłuszne i koniec. Bydło wypędza się z obory na pastwisko, a konie zaprzęga do wozów – czy tego chcą, czy nie. Również w ich przypadku nie zważa się na rytm wypoczynku i aktywności.

Czy ty, człowieku, chciałbyś, żeby cię tak traktowano?

Niezliczone zwierzęta musiały i muszą podlegać człowiekowi-panu, gdyż brutalny człowiek zniewalał i zniewala je swoją mocą i swoimi szatańskimi siłami. Przez uporczywe rozkazy, przez bicie i inne okrutne metody zwierzęta zmuszane są do posłuszeństwa.

Dalszy bliźni musi to wszystko znosić, gdyż jest tym słabszym i podporządkowuje się człowiekowi-tyranowi. Tego jednak, co dalszy bliźni w swojej częściowej duszy zapisuje w postaci odczuć i doznań, człowiek-tyran nie może zmienić.

Wszystko, czego zwierzę doznaje, to, co dobre i mniej dobre, wnika w jego częściową duszę jako wspomnienie – wprawdzie nie jako obciążenie, a jednak je obciąża. Natomiast sprzeczne z Prawem postępowanie człowieka wobec jego współbraci i zwierząt, wobec świata roślin i minerałów wnika w duszę człowieka. Człowiek może więc wiele narzucić swojemu dalszemu bliźniemu i na skutek tego zakryć jego duchowe cechy, a fizyczne zmienić. Nie może ich jednak zgasić.

Zgodnie z prawem siewu i zbioru wszystko się ujawni, również i przestępstwa wobec świata zwierząt, roślin i minerałów. Pewnego dnia, ewentualnie w jednym z kolejnych wcieleń, zwierzę zejdzie się ze swoim tyranem i będzie też odpowiednio reagować, w zależności od tego, co człowiek, którego dusza ponownie znajduje się w szacie ziemskiej, niegdyś uczynił dalszemu bliźniemu.

Takie spotkania nie są przypadkowe – tak jak w całym kosmosie nie ma niczego przypadkowego. To wielki komputer kauzalny, prawo przyczyny i skutku, wywołuje takie spotkania. Kiedy przyczyny dochodzą do skutku, często stają się w tym wcieleniu aktywne w zupełnie innych warunkach. Dawny tyran, człowiek, oraz niegdyś maltretowany dalszy bliźni spotykają się. Wspomnienia w częściowej duszy dalszego bliźniego są wywęszonymi niegdyś obrazami, którymi zwierzę teraz wywąchuje duszę człowieka, który je wtedy nękał, bił czy nawet okrutnie zabił – gdyż także że obciążenia mają swój zapach. Wibracje zderzają się więc i zwierzę wywąchuje z emanacji człowieka

– dawnego tyrana, myśliwego lub rzeźnika – to, co ten mu niegdyś uczynił.

Jeśli spotkanie w fizycznych ciałach nie jest możliwe, to prawo siewu i zbioru działa w obszarach oczyszczania lub też dusza musi w kolejnym wcieleniu jako człowiek znosić to, co niegdyś w innym ciele zrobiła królestwom przyrody, nie spotykając bezpośrednio dalszego bliźniego, którego jako człowiek niegdyś maltretowała.

*Młode zwierzęta w okresie „burzy i naporu":
Człowiek – przykład dla dalszego bliźniego
Rady dotyczące odżywiania, przebieg dnia*

Również i zwierzęta, podobnie jak dzieci ludzkie, przechodzą czas „burzy i naporu".

W okresie „burzy i naporu" zwierzęta odbierają wprawdzie to, jak powinny postępować, ale nie zawsze tak robią. W młodych zwierzętach znajduje się mały diablik, w pozytywnym znaczeniu, który często pobudza je do robienia czegoś, co nie powinno mieć miejsca. Ten mały diablik rozwija się w miarę następowania skoków wzrostu. Krótko przed takim okresem młode zwierzęta stają się spokojniejsze, znajdują się w fazie oczekiwania. Kiedy następuje skok wzrostu, to odczuwają one przypływ wzmożonych sił. Tym właśnie przypływem sił chcą się wykazać – tak przed sobą, jak i przed swoim starszym, ludzkim rodzeństwem. Przebiega to podobnie jak u dziecka, które nauczyło się jeździć na rowerze. Chce ono wtedy dowieść sobie samemu i rodzicom, jakie jest już duże i silne i jak potrafi już utrzymać równowagę. Przy tym dochodzi często do upadku. Podobnie młody pies pochwyci nagle na przykład but i rozszarpie go albo rozerwie kawałek garderoby czy rozgryzie inny przedmiot i nie będzie słuchał swojego starszego brata lub siostry, którzy przywołują go do porządku. Mały diablik płata więc figle.

Z wielką cierpliwością wychowujcie więc dalszego bliźniego, którego wzięliście do swojego domu, gdyż musi on dopiero znaleźć swoje miejsce w tym świecie i stworzyć sobie swoje obrazy węchowe.

Człowiek tego świata zawikłany w ten świat myśli, że jego skala wartości jest jedyną, która się liczy. Jeśli jednak spojrzy otwartymi oczami na zhańbione królestwa przyrody, to będzie musiał rozpoznać, że to, co dzieje się w świecie i w przyrodzie, jest odzwierciedleniem jego sposobu myślenia i jego skali wartości. Sprawcę można rozpoznać po jego dziełach, po jego owocach.

To, co człowiek sieje, to zbierze. Ta zasada obowiązuje tak w małym, jak i w wielkim zakresie. Obowiązuje zarówno człowieka, jak i zwierzę. Na to, na co może pozwolić sobie starszy brat i starsza siostra, człowiek, pozwala sobie też młodszy brat i młodsza siostra, dalszy bliźni. Człowiek przenosi swoją skalę wartości na zwierzęta, rośliny i minerały, na królestwa przyrody, dlatego nic nie pomoże wpajanie zwierzęciu, żeby było dla ludzi dobre i opanowane, aby ich nie drapało, nie gryzło, aby na nich nie szczekało czy też nie obszczekiwało swojego brata psa. Jeśli człowiek daje sam taki przykład, że „drapie, szczeka i gryzie", to również dalszy bliźni nie będzie mógł stać się ani dobry, ani opanowany.

Z przyjmowaniem posiłków jest podobnie. Jeśli człowiek nie nauczył się z godnością przyjmować posiłków, to zwierzę też będzie żarło. Jeśli człowiek jada dużo mięsa, to i jego brat pies będzie potrzebował odpowiednich jego ilości. Jeśli człowiek nie potrafi poskramiać się i uszlachetniać, to nie będzie też mógł poskramiać i uszlachetniać swojego dalszego bliźniego.

Mojemu ludzkiemu rodzeństwu, które trzyma dalszych bliźnich jako współmieszkańców, daję następujące rady:

W okresie dojrzewania płciowego zwierząt nie jest wskazane surowe mięso jako główne pożywienie. Mały kawałek od czasu do czasu nie zaszkodzi, gdyż również z dalszym bliźnim, który zaprogramowany jest przez człowieka, nie powinno postępować się fanatycznie.

Zasadniczo można powiedzieć, że składniki zawarte w surowym mięsie działają na uaktywnione w okresie dojrzewania hormony i wprowadzają dalszego bliźniego w stan nadmiernego podniecenia.

Podobnie też dzieje się z młodym człowiekiem, który znajduje się w okresie dojrzewania. Jest on wtedy żądny mięsa, mocnych napojów, papierosów lub narkotyków, jeśli to samo lub podobne zapisane jest w jego duszy – także i wtedy, kiedy jego problemy napiętrzają się. Jeśli młody człowiek nie ma skąd brać przykładu i nie został w dzieciństwie nauczony bycia konsekwentnym oraz zachowywania postawy wewnętrznie i zewnętrznie zdyscyplinowanej, to często spędza dni bezmyślnie, bez większego zainteresowania jakimś zadaniem, które mógłby konsekwentnie i z koncentracją przeprowadzić. Taki człowiek wyłamuje się ze struktur społecznych i reaguje podobnie jak dalszy bliźni: „drapie, gryzie i ujada".

Dlatego we wszystkim musimy zważać na naszą własną skalę wartości, a więc na to, jak każdy z nas myśli, mówi i postępuje, jakie są nasze czyny – zanim zaczniemy wychowywać ludzi i zwierzęta.

Pożywienie dalszego bliźniego powinno być dozowane, ale bez żadnej kuracji odchudzającej, jak robią to ludzie wbrew prawom natury. Dalszy bliźni powinien otrzymywać takie ilości pożywienia, jakie nie obciążają narządów trawienia i całego ciała. Rano, w południe i wieczorem powinien otrzymać tyle, aby był nasycony, a nie przesycony. Porcje powinny być dostosowane do wielkości dalszego bliźniego i do jego aktywności. Nakładajcie mu do naczynia tyle, ile powinien dostać na jeden posiłek. Jeśli tego chwilowo nie chce, to może zjeść później. Pomiędzy posiłkami można też dawać ulubione, odżywcze smakołyki. Bratu psu można podać od czasu do czasu kość, gdyż substancje w niej zawarte pomocne są w budowie ciała. Dalszy bliźni nie powinien być jednak rozpieszczany.

Ponieważ człowiek przenosi wszystko, co go cechuje, na dalszego bliźniego, ważne jest, aby opiekun lub opiekunka byli w znacznym stopniu zrównoważeni. Właśnie w okresie dojrzewania płciowego, w którym dalszy bliźni nie czuje się dobrze w swoim ciele i nie może sobie jeszcze z nim poradzić, pobiera bardzo subtelnie wibracje człowieka, szczególnie swoich opiekunów. Pobiera zarówno to, co pozytywne, jak i to, co negatywne, a więc wszystkie właściwości człowieka.

Człowiek powinien też zawsze wyciągać dla siebie wnioski z tego, co widzi w dalszym bliźnim. Tego, czego nie chce, aby jemu czyniono, nie powinien też czynić swoim współbraciom i zwierzętom. To dotyczy też snu. Jeśli jesteście pogrążeni w głębokim śnie, to też nie chcecie być gwałtownie budzeni i popędzani, gdyż czujecie, że taki szok nie wpływa dobrze na układ nerwowy. To samo dotyczy dalszych bliźnich. Nie budźcie ich, gdy śpią. Tym ich tylko poganiacie i rozstrajacie ich układ nerwowy.

Jeśli mają wstać, gdyż chcecie wyjść i zabrać ich ze sobą, to przebudźcie ich ostrożnie i zachowujcie się tak, jak było to już objawione.

Jeśli mogą spać, to nie zakłócajcie im spokoju. Szczególnie młode zwierzęta znajdujące się w okresie dojrzewania potrzebują uregulowanego trybu życia. Długie spacery powinno podejmować się tylko wtedy, gdy młode zwierzęta są wyspane. Pytajcie się zawsze siebie. To, co dobre jest dla człowieka, dobre jest też w odniesieniu do dalszego bliźniego. Gdy jesteście jeszcze zmęczeni, a macie iść na długi spacer, jak reagujecie? Podobnie reagują też zwierzęta – agresywnie! Z reguły w południe przewidziany jest dla człowieka czas odpoczynku. To dotyczy też dalszego bliźniego.

Kiedy dalszy bliźni stanie się dla człowieka częścią jego samego, to człowiek będzie mógł wczuć się w daną sytuację swojego zwierzęcego rodzeństwa. Jeśli na przykład jest zmuszony zabrać ze sobą śpiącego właśnie psa, bo inaczej być nie może, to najpierw powinien go kilkakrotnie łagodnie pogłaskać. Z chwilą gdy dalszy bliźni poruszy się, powinien powiedzieć mu spokojnym głosem poprzez obrazowe słowo, jaki ma zgodny z Prawem zamiar, i przekazać mu w ten sposób, dokąd zamierza pójść i dokąd dalszy bliźni ma mu towarzyszyć oraz co będą tam robić.

Jeśli mówicie do zwierzęcego rodzeństwa, to połączcie wasze słowa z obrazem, w którym przedstawiony jest przebieg wydarzeń. Dalszy bliźni, na przykład pies, może wtedy wywąchać informacje na podstawie obrazowych słów. Z tego wynika dla niego obraz węchowy, na który on się nastawia. Wtedy wstanie z radością i będzie towarzyszył swojemu starszemu bratu lub swojej starszej siostrze.

Dźwiękowo-obrazowe kodowanie informacji przeznaczonych dla zwierzęcego rodzeństwa

To, co dalszy bliźni odbiera, to, co wywąchuje, staje się w nim jednocześnie obrazem. Mówcie więc do waszych dalszych bliźnich podobnie jak do dzieci. Mówcie wcześniej, co chcecie zrobić, na przykład: „Idziemy teraz po zakupy" albo „Pójdziemy w odwiedziny", albo też „Oczekujemy gości" lub „Idziemy albo jedziemy na pole czy do lasu" czy też „Przez pewien czas zostaniesz teraz sam".

Obojętnie co do niego mówicie, rozwijajcie to jednocześnie jako obraz, który kodujecie w dalszym bliźnim.

Powiedzcie mu na przykład, że idziecie po zakupy i że może wam towarzyszyć. Pokażcie mu obraz, którą drogą pójdziecie, jak ta droga wygląda. Pokażcie mu w obrazie sklepy, do których pójdziecie, i zakodujcie mu jednocześnie w obrazie, jak powinien zachowywać się w sklepie. Podobnie, kiedy oczekujecie gości: zakodujcie mu obraz, kto przychodzi – kobieta, mężczyzna, dziecko czy cała rodzina – i ogólny sposób zachowania tych gości.

Jeśli dalszy bliźni ma być zabrany do samochodu, to zakodujcie mu obraz, jak ten samochód wygląda, kogo ewentualnie macie spotkać. Nawet jeśli zabieracie dalszego bliźniego na pole lub do lasu, to zakodujcie mu, czy udajecie się tam pieszo, czy pojazdem. Powiedzcie mu to dźwiękiem i obrazem. Opiszcie mu w mowie dźwiękowo-obrazowej również i to, co będzie się działo na polu lub w lesie.

Obojętnie co przekazujecie dalszemu bliźniemu, powinno to wniknąć w niego jako mowa dźwiękowo-obrazowa, gdyż wasze słowa i aspekty obrazów mają też swój zapach. Z tego wyłania się u dalszego bliźniego obraz węchowy. To, czy może on odebrać mowę dźwiękowo-obrazową, jakie aspekty może uchwycić, a które z nich pozostają dla niego niezrozumiałe, zależy przede wszystkim od stanu rozwoju jego częściowej duszy oraz od tego, co częściowa dusza przeżyła w poprzednich wcieleniach.

Ten, kto poważa bliźniego i siebie samego jako dziecko Boże, przyjmie też i uzna dalszego bliźniego jako dziecko Stworzyciela. Weźmie on dalszego bliźniego, na przykład psa, na smycz lub przywiąże go tylko wtedy, gdy grozi mu jakieś niebezpieczeństwo.

Obojętnie o jakie zwierzę domowe lub podwórzowe tu chodzi, respektujcie jego wolną wolę i nie wdzierajcie się w świątynię, w duchowe życie waszego bliźniego, w którym i on się porusza. Bądźcie z nim w ciągłej pozytywnej komunikacji, a będziecie mogli wyczuć i rozpoznać z odruchów dalszego bliźniego, jak on chciałby odczuwać i żyć.

Nawet jeśli dalszy bliźni nie śpi, to obojętnie jakie macie wobec niego zamiary, zakodujcie mu je w obrazowych słowach. Dalszy bliźni powinien siedzieć, kiedy przekazujecie mu swoje zamiary, chyba że budzi się ze snu i jeszcze spokojnie leży, lecz jest czujny. Wtedy możecie mu też w tej postawie przekazywać swoje informacje. Obydwa sposoby wzmacniają jego uwagę. Przekazujcie mu swoje zamiary s p o k o j - n i e .

Również kiedy dalszy bliźni ma zostać w domu, przekażcie mu to spokojnie i powiedzcie mu, dokąd idziecie, że znowu powrócicie i że teraz jego zadaniem jest czuwać nad domem, zagrodą lub mieszkaniem. Przynoście mu od czasu do czasu mały podarunek jako nagrodę – to, co mu szczególnie smakuje. Pogłaszczcie i pochwalcie go za jego czujność i wyrozumiałość.

Nie zapominajcie o tym, że dalszy bliźni jest częścią was samych. On, jako domowy lub gospodarski dalszy bliźni, nie chce ganiać za wami. On chciałby chodzić z wami, o ile to możliwe obok swojego starszego brata albo swojej starszej siostry, może kilka kroków bardziej z przodu albo z tyłu. Ma on bowiem jeszcze w sobie swoje zakodowane mu przez człowieka i wyhodowane właściwości, to znaczy cechy odpowiedniej rasy i zakodowania człowieka. Odpowiednio do tego reaguje też na swoje otoczenie.

Pożywienie dalszego bliźniego
Pożądanie mięsa zaprogramowaniem
z wcześniejszych inkarnacji

Drodzy bracia i drogie siostry, odżywiajcie waszych dalszych bliźnich, których wzięliście do swoich domów lub mieszkań jako współmieszkańców, tak jak powinniście odżywiać samych siebie. Dbajcie o to, aby otrzymywali oni wszystkie witaminy i mikroelementy, których potrzebuje też i wasze ciało.

Podawajcie pożywienie dalszym bliźnim, zanim sami siądziecie do stołu, lub też zróbcie to i to jednocześnie. Pożywienie dalszych bliźnich nie powinno zbytnio różnić się od tego, które sami przyjmujecie. Życie zgodne z Prawem, obejmujące również pożywienie, obowiązuje zarówno człowieka, jak i rodzeństwo-zwierzęta.

Przyroda daruje wam i dalszym bliźnim wszystko, czego potrzebuje ciało naturalne oraz powłoka duszy lub duszy częściowej. Dalszy bliźni często chce jeszcze jeść mięso. Dawajcie mu więc tyle, ile jest dla niego dobre, to znaczy raz, dwa lub trzy razy w tygodniu. Zależy to całkowicie od tego, co wasz dalszy bliźni jadł w poprzednich inkarnacjach. Wszystko polega na wibracji, a zatem to, co zmysł węchu i smaku kiedyś pobrał, może promieniować jeszcze z duszy częściowej lub leżeć w genach – na przykład pożądanie mięsa. Promieniowanie duszy częściowej lub geny działają też na zmysły dalszego bliźniego, tak że ten łaknie mięsa. Słyszeliście, że to, co dusza przynosi ze sobą z wcześniejszych inkarnacji, cechuje też ciało. Dotyczy to także duszy częściowej. Miejcie więc wyrozumiałość.

Rozpoznajcie: Jeśli dalszy bliźni był w poprzedniej inkarnacji wyszkolonym psem myśliwskim, jeśli zwierzę otrzymywało duże ilości mięsa lub żyło wśród ludzi, którzy hodowali zwierzęta na rzeź lub sami je zarzynali, jeśli zwierzę żyło w pobliżu rzeźni czy sklepów mięsnych, to dusza częściowa nosi jeszcze w sobie obraz węchowy cierpienia, przygnębienia i spożywania mięsa. Dlatego nie bądźcie nigdy fanatyczni – ani wobec siebie, ani wobec waszych bliźnich i dalszych bliźnich, gdyż nie wiecie, jakie cechy znajdują się w duszy człowieka lub w duszy częściowej zwierzęcia albo w genach i kiedy się uaktywniają.

Zarówno u człowieka, jak i u dalszego bliźniego wielki apetyt na mięso nie powinien być tłumiony, lecz kierowany na właściwe tory. Życzenie lub pożądanie mięsa – tak u człowieka, jak i u dalszego bliźniego

– powinno być redukowane stopniowo. Dla człowieka ważne jest, aby zaczął on inaczej myśleć i uszlachetniał swoje odczucia i myśli, przez co wysubtelnią się też jego uczucia i zmysły. Dzięki temu rozwija się właściwe doznawanie i nastawienie wobec bliźniego i dalszego bliźniego, tak że człowiek bardziej wczuwa się i odczuwa i odpowiednio do tego postępuje. Wtedy stopniowo porcje mięsa i ryb staną się mniejsze, a odstępy pomiędzy spożywaniem potraw mięsnych lub rybnych staną się większe. W ten sposób stary program, żądza jedzenia mięsa i ryb, zaniknie. Jednocześnie powstanie bardziej szlachetny i subtelny program, który może odbierać delikatne siły, dary przyrody, a człowiek, dokonując wyboru właściwego pożywienia, odpowiednio do tego będzie postępował. Nie będzie już wtedy otoczony zapachem spożywanego mięsa, który wywąchują zwierzęta. Wtedy też człowiek, którego zmysły wysubtelniły się, zacznie odpowiednio postępować wobec świata zwierząt, roślin i minerałów.

Rozpoznajcie: wszystko, co jest na ziemi – to, co dobre, co mniej dobre, to, co podłe – wychodzi z człowieka. Pomocne przy przestawianiu organizmu mogą być odpowiednie przyprawy. W fazie przejściowej: od mięsa i ryb do naturalnego pożywienia, potrawy dla was i dla waszych dalszych bliźnich mogą być jeszcze nieco mocniej przyprawione – aż do czasu, kiedy wasze zmysły i zmysły dalszego bliźniego znajdą nową orientację.

Właściwa miara we wszystkim – tak u człowieka, jak i u dalszego bliźniego – prowadzi stopniowo do rozwijania duchowych sił duszy. Temu, kto przestawi swój organizm i organizm dalszego bliźniego w sposób zgodny z Prawem, niczego też nie zabraknie. Gotowane na parze warzywa oraz surówki lub zboże i owoce, przygotowane we właściwy sposób, zawierają wszystko, czego potrzebuje fizyczne ciało.

Ten, kto swoje nerwy i nerwy dalszego bliźniego nadwyręża, musi zaopatrywać organizm dodatkowo w witaminy, mikroelementy i temu podobne.

U zwierzęcia jest podobnie jak u człowieka. Tak jak człowiek stopniowo powinien zwracać się ku przyrodzie i ku temu wszystkiemu, co przyroda daje, tak powinien też pokierować dalszym bliźnim, którego przyjął do siebie jako współmieszkańca.

Nigdy więc nie bądźcie fanatyczni, gdyż również fanatyzm jest stanem wywodzącym się z aspektów ludzkiego ja.

Rozpoznajcie: Ten, kto tylko na pozór jest wegetarianinem, chce się jedynie wykazać, gdyż mało ma boskich duchowych wartości. Wtedy przyswaja on sobie regułę życia, która nie wyrosła z jego wnętrza, i to nie pozwala mu stać się duchowym wegetarianinem. Duchowy wegetarianin jest człowiekiem, który na podstawie swojego duchowego rozwoju wyrósł z potrzeby jedzenia mięsa i ryb, gdyż świat jego odczuć, myśli i zmysłów wysubtelnił się, dzięki czemu przestrzega on podstawowych etyczno-moralnych zasad życia.

Zwierzę, dalszy bliźni, jest nieskomplikowane. Ono nie ma w sobie takich skłonności, jak wywyższanie, poniżanie bliźniego i tym podobne. Tego dalszy bliźni nie potrzebuje, gdyż jest w łączności z przyrodą i poważa siłę stworzycielską, która w nim płynie – chyba że człowiek wypaczył go, ingerując przemocą w jego ziemskie życie, i wytresował na łowcę, rozbójnika i grabieżcę łupów w przyrodzie.

W popisywaniu się dalszy bliźni wzorował się i wzoruje na człowieku. Tym chciałby się przymilić do człowieka, aby ten był dla niego dobry. Równocześnie chce mu też pokazać, co potrafi, gdyż to człowiek nauczył go różnych sztuczek: „podaj łapę", „siad" albo „proś", i zwracania na siebie uwagi przez drapanie.

Bądźcie więc poważni i prostolinijni wobec dalszych bliźnich. Oni czystymi odczuciami widzą w was starszego świetlistego brata albo starszą świetlistą siostrę. Jeśli uświadomiła ci się twoja kosmiczna egzystencja, to będziesz się też odpowiednio zachowywał wobec wszystkich ludzi i królestw przyrody.

Rozmawiajcie ze wszystkimi zwierzętami w domu i na podwórku, obojętnie jaki jest ich stan świadomości. Także wtedy, kiedy podajecie im pokarm lub paszę, mówcie im, jakie pożywienie od was otrzymują i pamiętajcie przy karmieniu o tym, że w zależności od pory roku potrzebują one tego, co przyroda daje człowiekowi i zwierzęciu. Mówcie do nich jako starsi bracia i siostry. One zrozumieją was odpowiednio do stanu swojej świadomości.

W ten sposób spełni się to, co Bóg objawił przez Izajasza: „I zwierzęta będą radością człowieka, gdyż człowiek będzie bratem i przyjacielem dalszego bliźniego".

Poważajcie zatem waszych dalszych bliźnich, wasze zwierzęce rodzeństwo, gdyż chcą oni być dla was prawdziwymi przyjaciółmi. Starajcie się traktować ich tak, jak sami chcielibyście być traktowani. Wtedy bardzo szybko nauczycie się ich rozumieć i będą oni z wami w pozytywnej komunikacji. Pamiętajcie stale o tym, co jest istotne: ten, kto pragnie mieć otoczenie pełne pokoju, niech sam najpierw rozwinie pokój w sobie. To dotyczy przede wszystkim człowieka, gdyż to on posiał niezgodę.

Następujące zdanie należy do prawa ewolucji na tej ziemi. Obowiązuje ono obecnie i w przyszłości:

Jeśli chcecie żyć w pokoju z waszymi bliźnimi, także ze zwierzętami, roślinami i minerałami oraz z całą ziemią, to musicie najpierw sami rozwinąć w sobie pokój.

Ten, kto dąży do tej zasady, stanie się pełen zrozumienia i stopniowo osiągnie zdolność subtelnego wczuwania się i rozpozna, że wszystkie formy życia doznają i odczuwają zgodnie ze swoim duchowym stopniem rozwoju.

Cała nieskończoność składa się z kolorów, kształtów, dźwięków i zapachów.

Przeciwnik Boga wziął tę świętą zasadę, przebiegunował ją i zastosował ją w przekręcony sposób. On odnosił i odnosi ją do niskiego, ludzkiego ja i przeniósł ją poprzez człowieka na świat zwierząt. W ten sposób ściągnął siły wszechświata w dół, aby stworzyć sobie swoje terytorium.

Skoro cała nieskończoność bazuje na kolorach, kształtach, dźwiękach i zapachach, to również wszystkie czyste formy życia – te w niebiańskich, czystych światach – wypromieniowują woń swojego rozwoju, a więc swojej świadomości. Są to najsubtelniejsze boskie wibracje.

Również z istot duchowych wypływa woń, która odpowiada ich mentalności i ich zdolnościom. Wszystkie niebiańskie zapachy, dźwięki, kolory i kształty jednoczą się w potężnym prastrumieniu, którym jest Bóg.

Każda obciążona dusza wypromieniowuje swój zapach, odpowiednio do swojego obciążenia. Każdy człowiek ma inny zapach ciała, który znowu odpowiada świetlistej lub obciążonej duszy. To samo dotyczy wszystkich form przyrody oraz dusz częściowych. Odpowiednio do stanu swojego rozwoju i swoich duchowych cech wypromieniowują one wszystkie zapachy stworzenia, siły stworzycielskie.

Również i to, co przejęły one od człowieka – chodzi mi tu szczególnie o zwierzęta domowe – ma woń albo zapach.

Niektóre wypowiedzi powtórzyłam, aby człowiek je zapamiętał. Także i następująca prawidłowość jest powtórzeniem: Dalsi bliźni rejestrują człowieka wciąż na nowo. Za każdym razem, kiedy człowiek styka się ze zwierzęciem, ono wywąchuje go na nowo albo doznaje bardzo precyzyjnie, gdyż każdy człowiek w każdej chwili ma inną emanację, inny zapach, który z niego wypływa. Wszystkie jego odczucia, słowa i czyny mają bowiem zapach. Człowiek w każdej chwili ma inne ruchy, które sterowane są przez świat jego odczuć i myśli. Tego doznaje również dalszy bliźni.

Obserwuj siebie i swojego dalszego bliźniego: Jeśli przebywasz z twoim dalszym bliźnim, na przykład z psem, w mieszkaniu lub w domu, jeśli wciąż się z nim stykasz, to będzie on wciąż ciebie obwąchiwał, aby pojąć cię takim, jakim w tej chwili jesteś, odpowiednio do świata twoich odczuć i myśli. Dalszy bliźni pojmuje ludzi odpowiednio do stanu swojej świadomości.

Wszystko jest energią – również żywność, leki i napoje. Zależnie od tego, co człowiek przyjmuje w postaci żywności, napojów i leków, tym pachnie. To wywąchują zwierzęta w domu i na podwórku – a w najszerszym tego słowa znaczeniu zwierzęta żyjące w lasach i na polach – gdy człowiek znajduje się w ich otoczeniu. To samo dotyczy też świata odczuć i myśli człowieka oraz tego, co on robi.

Zwierzęta rejestrują wszystko, co dotyczy ludzi, którzy je bezpośrednio otaczają, i wywąchują też to, co ludzie myślą, mówią, a zatem to, co zapisują w atmosferze, i co potem, podobnie jak promienie słońca, znowu pada na człowieka i zwierzę. Człowiek odbiera to w zależności od swoich odpowiedników. Zwierzęta natomiast pobierają to dlatego, że zostały tym nacechowane przez ludzi w poprzednich pokoleniach i w tym wcieleniu. To cechuje świat ich zmysłów. Odpowiednio do tego odnoszą się do ludzi w ogóle i w poszczególnych przypadkach. Zwierzęta odbierają te impulsy ludzi, które ich świadomość jest w stanie odebrać, gdyż chcą one człowiekowi służyć lub prowadzić go, w zależności od zaprogramowania, od tego, co człowiek zakodował im lub narzucił poprzez sposób wychowania.

Człowiek może oszukiwać swoich współbraci i udawać, że jest pełen wyrozumiałości i tolerancji. Nie może jednak łudzić dalszych bliźnich, szczególnie zwierząt, których częściowe dusze są już odpowiednio rozwinięte.

Ludzie, którzy mają łączność z przyrodą i uświadomili sobie, że wszystko żyje i wszystko jest we wszystkim zawarte, osiągną znowu pozytywną komunikację z życiem, z bytem. Byt jest życiem we wszystkich istotach duchowych, we wszystkich ludziach, duszach, zwierzętach, roślinach, minerałach oraz w kamieniach. Jest to Duch wszechświata.

*Zgodne z Prawem
kodowanie programów życia
w dalszych bliźnich*

Z wierzęta nie są indywidualistami, lecz istotami o różnorodnym stanie świadomości i o różnorodnych doświadczeniach z ludźmi. Dlatego człowiek, który chciałby żyć ze zwierzętami, musi nauczyć się rozumieć ich mowę i sposób postępowania. Tego nie osiągnie poprzez intelektualne badania dotyczące różnych wzorów postępowania zwierząt, lecz przez rozwijanie w samym sobie boskich aspektów świata zwierząt, roślin i minerałów przez życie zgodne z prawami Bożymi; osiąga to więc, jeśli powraca do swojej bezosobowej istoty, która żyje w Bogu. Na skutek spowodowanych przez ludzi zamroczeń dusz częściowych dalsi bliźni w domach i mieszkaniach wymagają innej opieki niż zwierzęta na podwórkach, w stajniach i oborach gospodarstw rolnych lub też zwierzęta na polach i w lasach.

Kiedy człowiek przychodzi na świat, to znaczy, kiedy dziecko się rodzi, dusza musi najpierw „wprawić w ruch" swoje ciało. Dziecko uczy się podnosić, siadać, chodzić, mówić. Przy tym rodzice lub opiekunowie służą mu pomocą. Małe dziecko musi też uruchomić programy dla swojego życia na ziemi, które są mu pomocne w zachowywaniu się i w komunikacji z ludźmi i wśród ludzi.

Podobnie jest też z dalszymi bliźnimi, ze zwierzętami domowymi, które żyją w bliskim kontakcie z ludźmi. Również im muszą być wciąż na nowo wpajane te same słowa i pojęcia, aż pojmą one ich znaczenie. Dlatego człowiek, który przyjął na przykład psa jako współmieszkańca, musi zakodować mu słowa i pojęcia, których dalszy bliźni potrzebuje do życia na ziemi.

Są to słowa, które uczą dalszego bliźniego prawidłowego zachowania, jak na przykład: „siad”, „idź”, „wracaj”, „czuwaj”, „wszystko w porządku” – wtedy, gdy nie zachodzi żadne niebezpieczeństwo – albo „stój”, „uwaga, niebezpieczeństwo”, „stój, ulica”, „uwaga, samochód” – kiedy niebezpieczeństwo zagraża. Powinny to być wciąż na nowo te same słowa i pojęcia, które obrazowo przekazywane są dalszemu bliźniemu.

Wszystkie zwierzęta, które znajdują się w grubomaterialnym ciele, posiadają też rozwinięte odpowiednio do swojego duchowego rozwoju komórki mózgowe. Zwierzęta z duszą częściową o różnych stopniach rozwoju mają także odpowiednią masę mózgu. Zwierzęta, których potencjał duchowych cząsteczek jest większy, odbierały i odbierają szybciej i bardziej precyzyjnie to, czym ludzie promieniują.

Wszystkie zwierzęta mówią jednak własną mową – czy przyłączone są jeszcze do jakiegoś kolektywu, czy też mają już duszę częściową. Każde zwierzę, również i niewidoczne dla człowieka mikroorganizmy, ma swoją mowę, swoją komunikację. Czy są to zwierzęta powietrza, wody czy też zwierzęta żyjące na ziemi lub w ziemi – wszystkie komunikują się pomiędzy sobą i mają komunikację z wszechświatem, i posiadają, stosownie do stanu swojej świadomości, swoją mowę.

Mało więc jest pożytku z tego, że bada się określone gatunki zwierząt, gdyż większość z nich przystosowuje się do warunków swojego otoczenia na tyle, na ile jest to możliwe. Ich wzory zachowania się w powietrzu, na ziemi, w ziemi i w wodzie nie odpowiadają już w większości przypadków ich wewnętrznemu, duchowemu zegarowi, a więc procesom zgodnym z Prawem. Jak już objawiono, dostosowują się one do warunków otoczenia i przejmują w wielu przypadkach to, co ludzie im brutalnie i sprzecznie z Prawem narzucają, lub też to, co ludzie przez swój sposób myślenia i życia wpisują w kronikę atmosferyczną i co następnie działa znowu na ludzi, zwierzęta i otoczenie.

Dlatego hasło jest zawsze takie samo: Człowieku, rozwijaj się do wyższych, zgodnych z Prawem sił, a stworzysz dla siebie samego, a także dla zwierząt, roślin i minerałów, odpowiednią strefę życia, w której ty i zwierzęta będziecie mogli żyć zgodnie z Prawem. Można to przenieść również na świat roślin i minerałów.

Aby zwierzęta, które żyją wśród ludzi, na przykład psy i koty, jak też zwierzęta w gospodarstwach rolnych, mogły zrozumieć nawyki ludzi, ich sposób myślenia i postępowania odpowiednio do swojej świadomości, ich mózg musi być najpierw zaprogramowany zgodnymi z Prawem programami, podobnie jak to się dzieje u ludzkich dzieci.

Jak już objawiono, kodowane obrazowo słowa, które kształtują się w programy, są stopniowo pobierane przez mózg zwierzęcia. Ważny jest też przy tym ton głosu. Słowa powinny mieć zawsze ten sam akcent, a więc ten sam dźwięk.

Kiedy grozi niebezpieczeństwo, słowa powinny być wypowiadane z naciskiem, tak żeby dalszy bliźni dokładnie wyczuł i wywąchał, jaki jest ich sens. Jednak nigdy nie powinno to być powiedziane w formie rozkazu.

Odnoście się do waszego dalszego bliźniego jak do dobrego przyjaciela, który wam ufa i który uczy się podejmować komunikację ze swoim wielkim ludzkim bratem i swoją wielką ludzką siostrą.

Rozważajcie dobrze, co kodujecie w dalszego bliźniego. Nie powinno to być nigdy przeciwne prawom Bożym, na przykład prawom przyrody, lecz wyłącznie tym, co służy ochronie człowieka i zwierzęcia.

Powtarzam: Ten, kto programuje dalszego bliźniego swoją gorączkową żądzą polowania, kiedyś sam będzie szczuty. Kto zakłada mu łańcuch, sam będzie kiedyś uwiązany. Kto wymierza mu kopniaki, kiedyś sam zostanie skopany. Kto go bije, sam będzie kiedyś bity, a kto tresuje go, by atakował ludzi, ten sam będzie okaleczony, zaatakowany i odpowiednio potraktowany przez zwierzę lub wiele zwierząt. Kto zwierzęta zarzyna, sam trafi na stół operacyjny, a kto przeprowadza doświadczenia na zwierzętach, ten sam stanie się kiedyś obiektem ciemnych mocy. Wszystkie niezgodne z Prawem wzory postępowania i obrazowe zakodowania kierują się przeciw człowiekowi.

Zatem ten, kto wykracza przeciw prawom Bożym, do których należą też prawa przyrody, będzie musiał znieść to, co jest podobne. Również rozkazy i obrazy przymusu są przeciwne prawom naturalnym, gdyż i dalszemu bliźniemu należy się szacunek i wolność.

Kto przestrzega tej prawidłowości, osiągnie jedność z dalszym bliźnim, a nawet z całą przyrodą.

Dalszy bliźni nie powinien być w żadnym przypadku przeciążony. To, co ma na przykład wykonać pies, powinno odpowiadać jego rasie i jego świadomości. Każda rasa psów ma pewne cechy i zdolności zgodne z poziomem swojej świadomości. Czujny, połączony z Bogiem człowiek, który jest w jedności z królestwami przyrody, wybierze taką rasę, jaka odpowiada jego mentalności, jego życiu i jego możliwościom. Będzie też wspierał cechy i zdolności dalszego bliźniego.

Nie każde zwierzę reaguje na pozytywne zakodowania człowieka. Wielu dalszych bliźnich reaguje nienaturalnie, ponieważ w poprzednich wcieleniach zostały im zakodowane rozkazy polowania, zabijania i niszczenia. Również rozpieszczanie zwierząt, nękanie przy zarzynaniu lub traktowanie ich jako przedmiot doświadczeń – to wszystko wnika w duszę częściową zwierzęcia i znowu z niej promieniuje. Temu też odpowiadają jego reakcje.

owtarzanie jest konieczne w celu pogłębienia tego, co zostało objawione:

Uświadom sobie jeszcze raz:

Przez niezliczone krzyżowania zwierząt o różnych cechach oraz przez ingerowanie człowieka w świat odczuć i doznań zwierzęcia może na przykład w małym, przysadzistym i niepozornym ciele zwierzęcia mieszkać już bardzo rozwinięta dusza częściowa, a w wielkim i pokaźnym zwierzęciu dusza częściowa, która znajduje się na wcześniejszym o kilka faz etapie rozwoju. Poprzez krzyżowanie wpływało się i wpływa na geny zwierząt, tak że powstały i powstają różnorodne formy ciał o różnorodnych cechach. Dlatego w małym, krępym ciele zwierzęcia może mieszkać dusza częściowa bardzo już posunięta w ewolucji, która ewentualnie stoi tuż przed przekształceniem w istotę natury. Nie każde więc ciało zwierzęcia odzwierciedla stopień dojrzałości jego duszy częściowej.

Te ekscesy ludzkiego ja, które wyrażają się w krzyżowaniu zwierząt, jak również wszystkie inne temu podobne szokujące pomysły stały się i stają obciążeniem dla człowieka.

Przez swoje niezgodne z Prawem postępowanie wobec królestw przyrody człowiek stwarzał przyczynę za przyczyną. Wszystkie przyczyny muszą być usunięte, obojętnie czy dotyczą one bliźniego, dalszego bliźniego czy też całej przyrody.

Wszelka wina, którą ludzkość nałożyła na siebie przez zmienianie form życia i wpływanie na nie, wyrządzając im szkodę, musi być przez ludzi naprawiona, gdyż wszystkie formy życia muszą być sprowadzone z powrotem do swojego pierwotnego stanu rozwoju. Aby to mogło stać się już na ziemi, świat duchowy daje wciąż na nowo wskazówki i nauki.

W królestwie pokoju Jezusa Chrystusa zwierzęta będą żyły razem z ludźmi i wraz z roślinami i minerałami będą im świadomie służyć.

Oby moje słowa, które objawiłam przez usta człowieka, poprzez instrument Boga, spełniły się już wkrótce. Wtedy nastanie pokój pomiędzy ludźmi i zwierzęta będą dla człowieka przyjaciółmi. Zwierzęta będą żyć z ludźmi, a ludzie ze zwierzętami. Ludzie będą dla swoich bliźnich i dalszych bliźnich życzliwi i będą z nimi połączeni, a dalsi bliźni będą życzliwi dla ludzi i z nimi połączeni, gdyż są oni ich wielkimi braćmi i siostrami. Tak się stanie, gdyż Bóg to objawił.

W Duchu Wszechmogącego istnieje już nowe niebo i nowa ziemia. Ten promienisty obraz zbawienia dokona na ziemi tego, co w Bogu już jest. Również i ja, Liobani, widzę nowe niebo i nową ziemię dla ludzi w królestwie pokoju Jezusa Chrystusa.

Pokój

*Warto także
przeczytać...*

To jest Moje Słowo
A i Ω

Ewangelia Jezusa
Objawienie Chrystusowe,
jakie znają prawdziwi
chrześcijanie
na całym świecie

Wieczne Słowo, jedyny Bóg, wolny Duch, mówi przez Gabriele tak jak przez wszystkich proroków Boga: Abrahama, Mojżesza, Izajasza, Hioba, Eliasza, Jezusa z Nazaretu – Chrystusa Bożego. W potężnym objawionym dziele „To jest Moje Słowo – Alfa i Omega" Chrystus porusza z królestwa Bożego przez Gabriele, prorokinię i ambasadorkę Boga, przeszłość, teraźniejszość i przyszłość. Zwraca się w swoim dziele o historycznym znaczeniu do wszystkich ludzi, żeby wyjaśnić, czego uczył jako Jezus z Nazaretu i jak przebiegało Jego życie, oraz wyjaśnia zależności i procesy wielkiego dzieła zbawczego, które swój początek ma w królestwie Boga.

1056 stron, twarda oprawa
ISBN 83-911929-6-2

Życie kobiety w służbie Odwiecznego

Moja droga jako
prorokini nauczającej
i ambasadorki Boga
na przełomie czasów
Gabriele

Od ponad 40 lat Gabriele służy Bogu, Odwiecznemu, jako Jego prorokini nauczająca i ambasadorka. W swoich autobiograficznych opowieściach przedstawia swoje życie jako człowieka i powołanie na urząd prorokini Boga, a także opisuje, co to znaczy przynosić obecnie na ziemię Jego Słowo, Jego miłość i mądrość.

Autobiograficzną opowieść uzupełniają świadectwa współczesnych mówiące o sile twórczej Gabriele i o ponadludzkich osiągnięciach, których Gabriele dokonała i nadal dokonuje w swoim życiu kobiety na rzecz królestwa Boga, dla ludzi, wszystkich dusz, dla całego Stworzenia Boga.

Zebrane w tej książce autobiograficzne wspomnienia Gabriele są dziś po raz pierwszy publikowane w pełnym zakresie.

204 strony, twarda oprawa
ISBN 978-3-89201-818-6

Z przyjemnością prześlemy Państwu
aktualny katalog wydawniczy
i materiały bezpłatne.

Stowarzyszenie
„Gabriele-Wydawnictwo Słowo”
skr. poczt. 45
01-800 Warszawa 45

www.gabriele-wydawnictwo.com
www.gabriele-publishing.com

www.ingramcontent.com/pod-product-compliance
Lightning Source LLC
LaVergne TN
LVHW011013200726
843509LV00011B/1087